Lorena Kirchherr

Ausschreibungen einfach gewinnen

Lorena Kirchherr

Ausschreibungen einfach gewinnen

Ein Leitfaden für den Start

Trainerverlag

Imprint

Cover image: www.ingimage.com

Publisher:
Der Trainerverlag
is a trademark of
International Book Market Service Ltd., member of OmniScriptum Publishing Group
17 Meldrum Street, Beau Bassin 71504, Mauritius

Printed at: see last page
ISBN: 978-620-2-49496-0

Ausschreibungen einfach gewinnen

-

Ein Leitfaden für den Start

Einleitung

Der mit Ausschreibungen verbundene Markt ist sehr komplex und kann nicht einfach „erobert" werden. Es bedarf an Übung und Verständnis, da dieser sich anders verhält und nach anderen Spielregeln spielt, aber es kann sich lohnen.

Wie auch bei jeglichen anderen Neuheiten, scheuen viele Unternehmen allerdings den Start. Die richtige Einstellung und die richtigen Fähigkeiten sind die wichtigsten Werkzeuge, um sich in diesem Wettbewerb zu behaupten.

Mit diesem Buch soll Ihnen der Anfang im Ausschreibungsmarkt erleichtert werden, damit sie den Start bewältigen können. Wenn Sie dieses Buch gelesen haben, sollte es Ihnen möglich sein, sich an den ersten Ausschreibungen am Markt zu beteiligen und auch bereits die eine oder andere Ausschreibung zu gewinnen.

Inhalt

Kapitel 1: Die Suche nach Ausschreibungen

Um sich an dem Ausschreibungsmarkt zu beteiligen, müssen Sie diesen Markt erst einmal für sich entdecken.

Dafür müssen Sie wissen, was Sie eigentlich genau suchen…

Ausschreibungen, genauer gesagt beschäftigen wir uns primär mit den öffentlichen Ausschreibungen, sind eine öffentlich bekanntgemachte Erklärung darüber, dass eine öffentliche Stelle eine Bau-, Liefer- oder Dienstleistung einkaufen möchte. Sie fordert somit interessierte Unternehmen, direkt oder indirekt, zur Abgabe eines Angebotes auf.

Wie dieses Angebot aussehen soll, welche Unterlagen die öffentliche Stelle benötigt sowie Fristen und Termine (usw.) sollten in der sogenannten Bekanntmachung stehen. Hat ein Unternehmen Interesse an der Angebotsabgabe, kann es weitere Informationen zu der Ausschreibung erhalten. Wo es diese weiterführenden Informationen erhält, steht in der Auftragsbekanntmachung.

Bekanntmachungen sind gesetzlich vorgeschrieben. Im Gesetzestext steht allerdings nicht, wo diese Ausschreibung bekanntgemacht werden sollte. Die öffentliche Stelle hat hierfür verschiedene Möglichkeiten. Von der Veröffentlichung in Tageszeitungen, Internetportalen, bis hin zu Fachblättern oder amtlichen Veröffentlichungsblättern.

Eine einheitliche Handhabung zwischen den Kommunen oder den Bundesländern gibt es hierbei nicht. Lediglich wenn die Ausschreibungen einen gewissen Betrag überschreiten (dem später noch erklärten Schwellenwert) haben die öffentlichen Stellen die

Ausschreibungsveröffentlichung auch an das Amtsblatt der EU zu senden. Diese werden dann in dem zentralen Ausschreibungsportal „Tenders Electronic Daily" (TED) veröffentlicht.

Die Suche nach Ausschreibungen kann sich daher für manche Unternehmen anfänglich als schwierig gestalten. Fangen wir daher an, uns damit zu beschäftigen, wie passende Ausschreibungen gefunden werden können.

1.1 Passende Ausschreibungen

Wo finde ich geeignete Ausschreibungen für mein Unternehmen?

Dafür sollten Sie zunächst wissen, welche Dienstleistungen Sie anbieten. Schreiben Sie sich die wichtigsten Dienstleistungen Ihres Unternehmens auf, die Sie auf dem Markt verkaufen möchten. Schreiben Sie auch Oberbegriffe, verwandte Suchbegriffe oder andere Wörter, die Ihre Dienstleistung beschreiben könnten, dazu. Je genauer Sie hierbei arbeiten, desto leichter werden Sie geeignete Ausschreibungen finden können.

Ich empfehle eine elektronische Tabelle anzulegen, die Ihnen vor allem bei einer Vielzahl von Produkten dabei helfen wird, den Überblick zu behalten. Diese können Sie auch bei der Suche immer wieder heranziehen.

Abgesehen von der Suche nach Schlüsselwörtern, gibt es auch die Möglichkeit nach den sogenannten CPV Codes zu suchen. Die CPV (Common Procurement Vocabulary) Codes sind ein gemeinsames Vokabular, dass die EU für öffentliche Aufträge erstellt hat. Für die Ausschreibungen ab einem bestimmten Auftragswert, also oberhalb der Schwellenwerte, sind diese Codes verpflichtend anzuwenden. Sie werden jedoch auch von vielen öffentlichen Auftraggebern unterhalb der Schwellenwerte verwendet, um die Suche zu vereinfachen.

Der CPV Code besteht insgesamt aus 9 Ziffern.

Abbildung 1: Der Aufbau eines CPV Codes

Ziel dieser CPV-Codes ist eine einheitliche Festlegung eines Auftragsgegenstands, um so sprachliche Schwierigkeiten der Wirtschaftsteilnehmer zu minimieren. Die Verwendung dieser CPV Codes kann die Suche nach geeigneten Ausschreibungen erleichtern, sollte aber nicht das einzige Suchmittel sein. Häufig kann es vorkommen, dass eine öffentliche Stelle einen Auftragsgegenstand mit einem falschen oder irreführenden CPV Code bezeichnet hat.

Ebenfalls empfiehlt es sich, auch die nächst übergeordnete CPV Code-Nummer ihrer Produkte oder Dienstleistungen zu notieren. „Irreführende" CPV Codes können nämlich auch dann auftreten, wenn die ausschreibende Stelle, die nächst tiefergelegene Code-Nummer nicht in das Portfolio mit aufgenommen hat.

Beispiel:

Sie sind Maler und bieten Malerarbeiten an.

Aus der Suche ergibt sich unter anderem folgendes Bild:

Abbildung 2: CPV Code Suche für Malerarbeiten

Sie können die passenden CPV Codes für jeden Ihrer Suchbegriffe in der Suchmaschine http://www.cpvcode.de/ eingeben

Sie können nun nach den Unterkategorien suchen:

- 45442110-1 Anstricharbeiten in Gebäuden
- 45442120-4 Anstricharbeiten und Auftrag von Schutzanstrichen für Konstruktionen
- 45442180-2 Neuanstricharbeiten
- 45442190-5 Farbabbeizungsarbeiten

Sie sollten aber in jedem Fall in ihrer Suche auch die Übergeordneten CPV Codes mit einbeziehen:

- 45442100-8 Anstricharbeiten

Und darüber geordnet:

- 45440000-3 Anstrich- und Verglasungsarbeiten

Die eingegebenen Suchbegriffe und deren CPV Codes können Sie in einer Liste zusammentragen. Diese Liste sollte nun aus verschiedenen Begriffen bestehen, die Ihre Dienstleistung beschreiben, sowie aus den dazugehörigen CPV-Codes.

Dienstleistung	Alternative Suchbegriffe	CPV Codes
Innenanstrich	Malerarbeiten, Anstricharbeiten in Gebäuden ...	45442110-1 45442100-8 45440000-3 ...
Außenanstrich	Malerarbeiten, Anstricharbeiten, ...	45442180-2 45442120-4 45442100-8 45440000-3 ...
Verputzen	Verkleidungsarbeiten, Putzarbeiten, ...	45410000-4 45451200-5 45432200-6 45432210-9 45430000-0 45432000-4 ...

Abbildung 3: Beispielhafte Liste von Dienstleistungen, den alternativen Suchbegriffen und deren CPV Codes

Diese Liste sollten Sie immer griffbereit haben, wenn Sie sich auf die Suche nach Ausschreibungen machen möchten. So können Sie Suchbegriff nach Suchbegriff absuchen und sich entlang dieser Liste orientieren, ohne den Überblick zu verlieren, nach welchen Begriffen Sie bereits gesucht haben oder nicht. Sie minimieren hierdurch vor allem das Risiko, eine potenzielle Ausschreibung nicht wahrzunehmen.

Wenn Sie nun wissen wonach Sie suchen müssen, folgt die nächste Frage: Wo Sie suchen sollten.

Wie bereits eingangs in diesem Kapitel erwähnt, müssen alle Ausschreibungen nach den gesetzlichen Regeln öffentlich bekannt gemacht werden. Allerdings steht dort nicht, wie oder besser gesagt wo es öffentlich bekannt gemacht werden soll. Üblicherweise geht man in der heutigen Zeit davon aus, dass es sich bei der gemeinten Öffentlichkeit um das Internet handeln müsste, doch dies ist weit gefehlt. Auch die

Veröffentlichung in einer Tageszeitung reicht aus, um dem Wortlaut des Gesetzes Folge geleistet zu haben.

Wie kann man nun sicherstellen, dass man geeignete beziehungsweise alle passenden Ausschreibungen für seine Dienstleistung findet?

Das kommt darauf an, wieviel Zeit Sie zur Verfügung haben, um geeignete Ausschreibungen zu finden und wie viele Ausschreibungen Sie finden möchten. Wenn Sie ein kleines Unternehmen sind, das die eine oder andere Ausschreibung für sich gewinnen möchte, dann reicht es oftmals aus, sich auf ein bis zwei Internetseiten zu konzentrieren. Sind Sie ein großes Unternehmen und möchten gleich eine gesamte Marktübersicht erhalten, sollten Sie überlegen, ob Sie in eine externe Suchmaschine investieren möchten. Hierbei gibt es bereits zahlreiche Anbieter im Internet, die die Suchen für Sie übernehmen können.

Sie sollten sich auch im Vorfeld schon Gedanken über den potenziellen Lieferort machen. Leistet ihr Unternehmen Deutschland- oder europaweit oder möchten Sie Ihre Dienstleistungen nur in einem begrenzten Gebiet zur Verfügung stellen? Je nachdem, wie diese Überlegungen ausfallen werden, werden Sie auch ihre Strategie unterschiedlich aufsetzen müssen. Ein europaweites Unternehmen muss sich auf die europaweiten Ausschreibungen konzentrieren und ein kleiner Betrieb kann Ausschreibungen aus Berlin aussortieren, wenn es nur in München liefern möchte.

Schreiben Sie sich also auf Ihre Liste mit den Dienstleistungen die gewünschten Lieferorte hinzu. Egal ob die konkreten Städte, Regionen oder Bundesländer. Dies ist auch wichtig, damit Sie nicht den Überblick verlieren. Bei der gesamten Ausschreibungsthematik kommt es vor allem auf die Struktur an. Je strukturierter Sie vorgehen, desto weniger Arbeit werden Sie haben und desto zielführender werden Sie an die Ausschreibungen und die damit verbundenen Ziele herankommen.

Jetzt wissen Sie bereits was sie wo anbieten möchten. Aber wir haben immer noch nicht die Frage geklärt, wo Sie die Ausschreibungen nun finden können. Für EU-weite Ausschreibungen bietet es sich an das Ausschreibungsportal Ted:

https://ted.europa.eu/

zu verwenden. Da alle Ausschreibungen oberhalb der Schwellenwerte, also alle europaweiten Ausschreibungen auf diesem Portal zu finden sein müssen. Für nationale Ausschreibungen empfiehlt es sich zunächst, die kostenlose Internetseite des Bundes zu verwenden:

https://www.service.bund.de

Des Weiteren sind Registrierungen in den unterschiedlichen Städten, Gemeinden oder Bundesländern von Vorteil.

Nehmen wir als Beispiel den Malerbetrieb, der ansässig in meiner alten Heimatstadt Siegen ist. Siegen liegt in Nordrhein- Westfalen

Abbildung 4: Standort Siegen

Vermutlich würde sich dieser Malerbetrieb auf Ausschreibungen in Siegen fokussieren. Vielleicht hat er sich auch auf der Internetseite der Stadt Siegen registriert. Vielleicht auch noch auf den Seiten der umliegenden kleineren Städte. Vielleicht hat sich der Malerbetrieb auch noch auf der Internetseite aus dem Bundesland registriert, was in diesem Fall Nordrhein-Westfalen wäre.

Siegen	https://www.vergabe.rib.de/veroeffentlichungen/
Kreuztal	https://www.kreuztal.de/aktuelles/ausschreibungen/
Kreis Siegen- Wittgenstein	https://www.siegen-wittgenstein.de/Kreisverwaltung/Aktuelles/Ausschreibungen
Nordrhein-Westfalen	www.evergabe.nrw.de

Abbildung 5: Liste der möglichen Portale für die Registrierung am Beispielstandort Siegen

Wenn man sich jedoch den Standort genau anschaut, so sieht man, dass Siegen sehr dicht an Hessen und Rheinland-Pfalz liegt. Es könnte sich also für diesen Malerbetrieb zusätzlich lohnen, seinen Radius zu erweitern und die nächstgelegenen Portale der Länder Hessen oder Rheinland-Pfalz mit in die Liste aufzunehmen.

Er kann somit bereits auf sieben verschiedenen Seiten suchen:

Siegen	https://www.vergabe.rib.de/veroeffentlichungen/
Kreuztal	https://www.kreuztal.de/aktuelles/ausschreibungen/
Kreis Siegen- Wittgenstein	https://www.siegen-wittgenstein.de/Kreisverwaltung/Aktuelles/Ausschreibungen
Nordrhein-Westfalen	www.evergabe.nrw.de
Hessen	• www.had.de • www.vergabe.hessen.net/netServer/
Rheinland- Pfalz	www.vergabe.rlp.de

Abbildung 6: Erweiterung der Registrierungsportale für das Beispiel des Malerbetriebes

Zusätzlich können weitere Ausschreibungen in Amtsblättern oder Zeitungen erscheinen. Die meisten Städte haben tatsächlich auch gänzlich auf das Internet als Kommunikationsquelle umgestellt.

Eine weitere Neuerung, die mit dem Internet einhergeht, ist die e-Vergabe (elektronische Vergabe).

Die 2018 eingeführte e-Vergabe gilt bislang nur für die Ausschreibungen oberhalb der Schwellenwerte verpflichtend, jedoch stellen auch hier bereits viele öffentliche Stellen bei Ausschreibungen unterhalb der Schwellenwerte auf das einfachere papierlose Verfahren um.

Um Ihnen die Möglichkeit nicht zu verschließen, in Form der e-Vergabe an den Ausschreibungsmarkt heranzutreten, ist diesem Buch ein weiteres Kapitel über die e-Vergabe hinzugefügt.

1.2 Elektronische Vergabe

Seit dem 18.10.2018 gilt die e-Vergabe-Pflicht für alle Vergaben oberhalb der Schwellenwerte.

Die Vorteile für die papierlose Gestaltung liegen auf der Hand: Höhere Transparenz, mehr Nachvollziehbarkeit, schnellere Bearbeitung, weniger Fehleranfälligkeit, weniger Umweltverschmutzung, ...

In Zeiten der Digitalisierung und da sich die Prozesse auch auf die Ausschreibungen unterhalb der Schwellenwerte anwenden lässt, ist es vermutlich nur eine Frage der Zeit, bis die Pflicht zur elektronischen Vergabe auch für die unterschwelligen Ausschreibungen zur Pflicht wird.

1.2.1 Registrierung

Da Ausschreibungen unterhalb der Schwellenwerte dem Haushaltsrecht zugeordnet werden, kann jedes Bundesland selbst entscheiden, wie und wo es die Ausschreibungen veröffentlicht. Auch ob die e-Vergabe angewendet wird, obliegt den Bundesländern. Jedes Bundesland hat daher sein eigenes e-Vergabe Portal. Hier eine Liste mit den derzeitigen Portalen der einzelnen Bundesländer (Stand Dezember 2019):

Bundesverwaltung (BeschA des BMI)	www.evergabe-online.de
Baden-Württemberg	www.lzbw.de/ausschreibungen/
Bayern	www.vergabe.bayern.de www.auftraege.bayern.de
Berlin	www.vergabeplattform.berlin.de
Brandenburg	https://vergabemarktplatz.brandenburg.de/
Bremen	www.vergabe.bremen.de
Hamburg	www.hamburg.de/wirtschaft/ausschreibungen-wirtschaft
Hessen	www.had.de www.vergabe.hessen.de/NetServer/
Mecklenburg-Vorpommern	www.evergabe-online.de www.vergabe-mecklenburg-vorpommern.de
Niedersachsen	www.niedersachsen-vergabe.de https://vergabe.niedersachsen.de/
Nordrhein-Westfalen	www.evergabe.nrw.de
Rheinland-Pfalz	www.vergabe.rlp.de
Saarland	www.saarland.de/ausschreibungen.htm
Sachsen	www.vergabe.sachsen.de www.vergabe-sachsen.de
Sachsen-Anhalt	www.evergabe.sachsen-anhalt.de
Schleswig-Holstein	www.e-vergabe-sh.de
Thüringen	www.portal.thueringen.de/

Abbildung 7: Übersicht der Plattformen zur Registrierung

Leider sieht es aktuell noch so aus, dass Sie sich auf jedem dieser Portale selbst registrieren müssen. Die Betreiber hinter diesen Portalen sind privatwirtschaftliche Unternehmen. Der Aufbau, die Registrierung und Anwendung dieser Portale sind in der Regel relativ gleich gestaltet und unterscheiden sich kaum. Jedoch bleibt die Registrierung unumgänglich. Dies begründet sich darin, dass die Verwendung einer einheitlichen e-Vergabe Plattform für unterschwellige Vergaben aktuell nicht verpflichtend ist. Es gibt daher auf dem Markt eine Reihe an staatlichen Lösungen aber auch private Registrierungsplattformen. Welches Bundesland oder welche Stadt, welche Plattform nutzt entscheidet die jeweilige Vergabestelle somit selbst.

Für den Login auf mehreren Portalen sollten Sie sich einheitliche Registrierungsdaten überlegen (nicht gleiche, aber logisch ähnliche) und/oder diese in einem separaten Dokument (Word/Excel) abspeichern. Natürlich gibt es auch dafür eine externe Lösung. Manche Portale „sammeln" die gespeicherten Logins auf den verschiedenen Seiten und es reicht, wenn Sie sich in Ihr virtuelles Suchportal einloggen, um auf alle Daten zugreifen zu können.

Es empfiehlt sich daher, sich auf den gewünschten Portalen der Bundesländer, an denen Sie anbieten möchten und zusätzlich auf der Seite des Bundes zu registrieren und die passenden Ausschreibungen zu suchen.

1.2.1 Voraussetzungen

Um an einer e-Vergabe teilzunehmen benötigen sie natürlich einen internetfähigen Computer, der mindestens zwei GB Arbeitsspeicher hat. Ebenfalls sollten Sie einen PDF-Viewer haben (z.B. Adobe Reader, Adobe Acrobat Reader, Foxit Reader oder andere) und es sollte ein aktueller Webbrowser (z.B. Firefox, Chrome, Internet Explorer, Edge) installiert sein. Hilfreich ist auch Java, um alle Dateien und Formate angezeigt zu bekommen und lesen zu können.

Sie sollten sich auch um eine elektronische Signatur kümmern. Eine elektronische Signatur ist eine mit elektronischen Informationen verknüpfte Datei, mit der man den Unterzeichner identifizieren und die Integrität der signierten Dokumente prüfen kann. Sie erfüllt somit technisch gesehen den gleichen Zweck wie eine Unterschrift auf Papierdokumenten.

Hierbei unterscheidet der Gesetzgeber zwischen drei unterschiedlichen Signaturen:

1. Die einfache elektronische Signatur
2. Die fortgeschrittene elektronische Signatur
3. Die qualifizierte elektronische Signatur

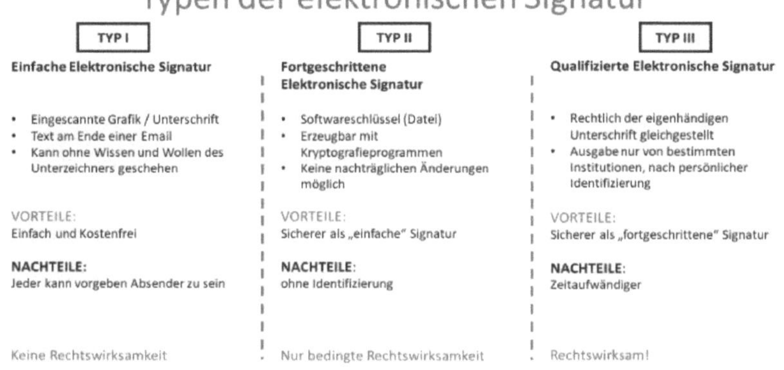

Abbildung 8: Die drei unterschiedlichen Typen der elektronischen Signatur

Nicht jede Signatur ist bei jeder Ausschreibung erlaubt. Mit der qualifizierten elektronischen Signatur allerdings geht man auf „Nummer sicher" und kann seine elektronischen Angebote absolut rechtssicher signieren.

Die fortgeschrittene elektronische Signatur und die qualifizierte elektronische Signatur allerdings muss man beantragen. Hierfür gibt es eine Reihe verschiedener Anbieter, die unterschiedliche Preise, aber auch unterschiedliche Lieferfristen haben.

Das Bundesministerium für Umwelt, Naturschutz und nukleare Sicherheit informiert aber auf deren Homepage (https://www.bmu.de/faq/was-kostet-eine-ausstattung-zur-qualifizierten-elektronischen-signatur/) darüber, dass die Preise mit einer Gültigkeitsdauer von drei Jahren bei circa 120€ bis 160€ liegen.

Letztendlich ist die Funktionsweise im Grunde immer ähnlich.

1.3 Externe Suche

Es gibt auch die Möglichkeit, sich die Suche einfacher zu gestalten und extern übernehmen zu lassen. Das bietet sich in verschiedenen Fällen absolut an und verschiedene Anbieter haben verschiedene Vorteile für Ihr Geld zu bieten.

Sie müssen Sich überlegen, ab wann es sich in Ihrem Unternehmen lohnt, eine externe Suche zu beauftragen. Haben Sie zum Beispiel nur einen geringen Aufwand durch die Suche und können das problemlos in Ihren oder den Alltag Ihres Mitarbeiters integrieren, macht eine externe Suche im ersten Schritt keinen Sinn.

Es gibt aber auch die Möglichkeit, in kleineren Paketen die Ausschreibungssuche auf ein bestimmtes Gebiet oder einen bestimmen Umkreis zu beschränken.

Sollten Sie eine externe Suche in Betracht ziehen, so stellen Sie sicher, dass Sie unter den vielen

Anbietern den für sich richtigen heraussuchen. Hierbei sollte nicht allein der Preis entscheidend sein.

Viele Anbieter bieten weitere, zusätzliche Funktionen an. Sie sollten sich daher im Vorfeld überlegen, welche Anforderungen Sie an die externe Suche haben, wie viel Ihnen diese Ersparnis Wert ist und holen Sie sich unterschiedliche Angebote ein.

Zusammenfassung Kapitel 1

In dem ersten Kapitel dieses Buches ging es um die Ausschreibungssuche. Sie sollten nun in der Lage sein, passende Ausschreibungen für ihr Unternehmen zu finden.

1. Sie wissen nun auch, welche Leistungen Sie anbieten,
2. wie Sie ihren Markt begrenzen, auf dem Sie anbieten möchten und
3. wie Sie mit der elektronischen Vergabe umgehen

Im nächsten Kapitel lernen Sie die verschiedenen Verfahrensarten kennen, wenn Sie eine Ausschreibung gefunden haben.

Kapitel 2: Die Verfahrensarten

Im letzten Kapitel haben wir uns damit beschäftigt eine passende Ausschreibung für Ihre Dienstleistungen zu finden. Wenn Sie nun nach Ausschreibungen suchen, finden Sie in der Auflistung der Plattform oder spätestens in der Auftragsbekanntmachung einen Hinweis um welches Verfahren es sich handelt. Je nachdem, welches Verfahren Sie vor sich liegen haben, gilt es unterschiedliches zu beachten.

Schauen wir uns dazu also zunächst einmal die unterschiedlichen Formen von Ausschreibungen an, die es gibt.

2.1 Die Schwellenwerte

Wie bereits angedeutet, gibt es unterschiedliche Typen von Ausschreibungen. Zunächst gibt es die übergeordnete und wohl größte Unterscheidung, nämlich anhand der Größe einer Ausschreibung. Man unterscheidet dabei nach dem Auftragswert. Liegt der vermeintliche Auftragswert einer Ausschreibung über einem bestimmten Wert (dem sogenannten Schwellenwert), dann wird die Ausschreibung als oberhalb der Schwellenwerte bezeichnet und liegt eine Ausschreibung darunter, als unterhalb der Schwellenwerte.

Die Schwellenwerte werden alle 2 Jahre an den aktuellen Markt angepasst.

Je nachdem, welche Form der Ausschreibung vorliegt, müssen unterschiedliche Vorschriften eingehalten werden.

Zum Beispiel unterscheidet sich die Form der Veröffentlichung, also ob auf nationaler oder europaweiter Ebene ausgeschrieben werden muss. Eine Ausschreibung oberhalb der Schwellenwerte ist europaweit auszuschreiben. Eine Ausschreibung unterhalb der Schwellenwerte lediglich auf nationaler Ebene. Unterhalb der unteren Schwellenwerte, unter der sogenannten Bagatellgrenze, gibt es noch die Freihändige Vergabe. Hierbei liegt der Auftragswert so niedrig, dass der Gesetzgeber auf das Instrument der Ausschreibung verzichtet und die ausschreibende Stelle darf den Auftrag ohne vorheriges Verfahren vergeben.

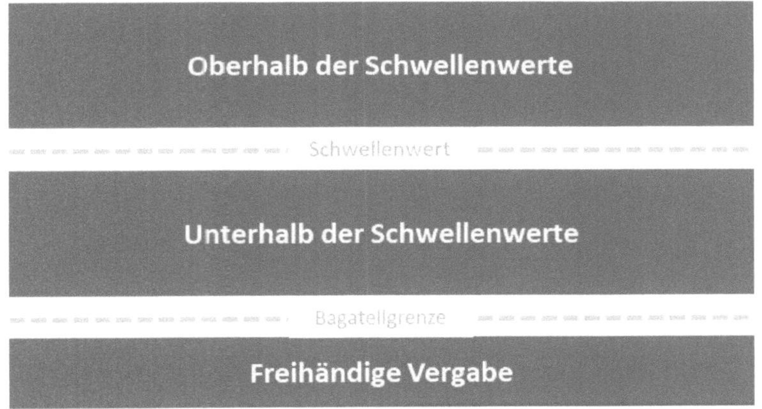

Abbildung 9: Aufbau der Schwellenwerte

Doch wo liegen nun die Schwellenwerte?

Man unterscheidet die Schwellenwerte noch einmal nach verschiedenen Branchen. Zum Beispiel hat die Baubranche sehr schnell einen sehr hohen Auftragswert hat, im Unterschied zu einer Lieferleistung. Daher hat man für bestimmte Branchen auch unterschiedliche Schwellenwerte eingerichtet.

Es gibt insgesamt vier Bereiche:

- Bauleistungen
- Liefer- und Dienstleistungsaufträge im Bereich Trinkwasser, Energie, Verkehr sowie Verteidigung und Sicherheit
- Sonstige Liefer- und Dienstleistungsaufträge
- Liefer- und Dienstleistungsaufträge bei obersten und oberen Bundesbehörden

Hier nun die aktuellen Schwellenwerte:

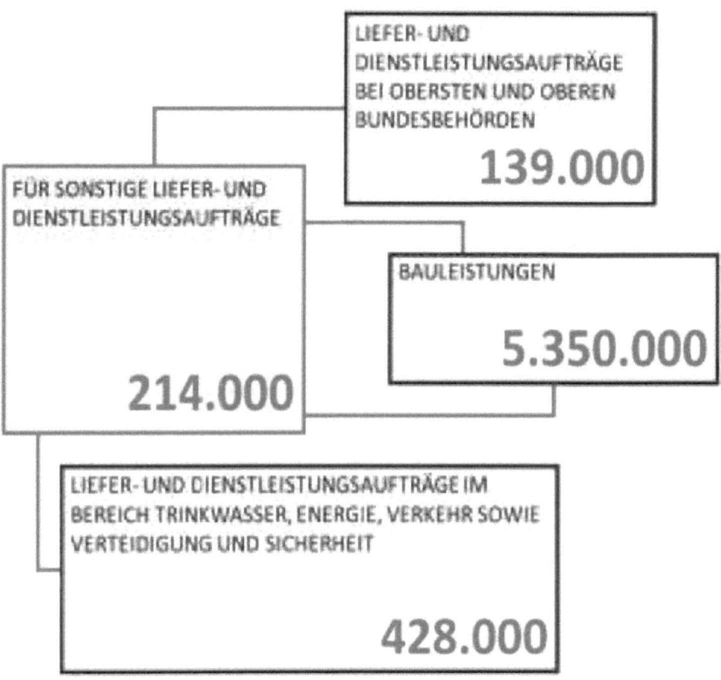

Abbildung 10: Höhe der aktuellen Schwellenwerte 2020/2021

Jetzt haben wir die Ausschreibungen nach den jeweiligen branchenspezifischen Schwellenwerten unterschieden. Kommen wir nun zu deren Bedeutung und weiteren Unterscheidungen.

Natürlich unterscheidet sich der Ablauf und die Gestaltung einer Ausschreibung oberhalb und unterhalb des Schwellenwertes. Zum Beispiel durch die Pflicht der Verwendung der CPV-Codes oder aber auch durch die Pflicht der e-Vergabe der Ausschreibungen oberhalb der Schwellenwerte. Aber auch innerhalb dieser Unterscheidung nach den Schwellenwerten gibt es unterschiedliche Verfahrensarten.

Die unterschiedlichen Verfahrensarten haben unterschiedliche Gründe. Generell sollte den ausschreibenden Stellen für die jeweilige Ausschreibung ein geeignetes Verfahren zur Verfügung stehen. Für bestimmte Ausschreibungen ist es zum Beispiel notwendig, dass das Verfahren schneller abgewickelt werden kann, als es im Regelfall vorgesehen wäre.

2.2 Verfahrensarten oberhalb der Schwellenwerte

Fangen wir zunächst mit den Ausschreibungen oberhalb der Schwellenwerte, also auf EU-weiter Ebene an. Hierbei unterscheidet man generell sechs unterschiedliche Verfahren:

- Offenes Verfahren
- Nicht Offenes Verfahren, dann aber mit Teilnahmewettbewerb
- Verhandlungsverfahren mit Teilnahmewettbewerb
- Verhandlungsverfahren ohne Teilnahmewettbewerb
- wettbewerblicher Dialog

Neu hinzugekommen ist auch noch die Innovationspartnerschaft.

Am häufigsten gibt es die Ausschreibung als offenes Verfahren oberhalb der Schwellenwerte.

Regelfall	Ausnahmefall	Einzelfall
Offenes Verfahren	Verhandlungsverfahren mit Teilnahmewettbewerb	Verhandlungsverfahren ohne Teilnahmewettbewerb
Nicht Offenes Verfahren mit Teilnahmewettbewerb		Wettbewerblicher Dialog
		Innovations-partnerschaft

Abbildung 11: Unterschiedliche Verfahren oberhalb der Schwellenwerte

2.2.1 Offenes Verfahren

Das Offene Verfahren erlaubt eine unbeschränkte Anzahl an Bietern. Alle Unternehmen können nach der Auftragsbekanntmachung ein Angebot abgeben. Die Auftragsbekanntmachung findet europaweit statt. Ab diesem Zeitpunkt dauert eine Ausschreibung in der Regel bis zur Zuschlagserteilung mindestens 35 Tage. Nur in Ausnahmefällen darf eine kürzere Frist festgesetzt werden, allerdings nie kürzer als 15 Tage. Die Frist muss verlängert werden, wenn Ortsbesichtigungen oder ähnliches erforderlich sind.

2.2.2 Nicht Offenes Verfahren

Das Nicht Offene Verfahren steht nicht allen interessierten Unternehmen zur Abgabe eines Angebotes offen. In einem Teilnahmewettbewerb müssen die interessierten Unternehmen zunächst die notwendigen Eignungsnachweise erbringen. Die Teilnahmefrist beträgt mindestens 30 Tage ab dem Tag nach der Absendung der Auftragsbekanntmachung und nur in Ausnahmen ist eine Verkürzung möglich, jedoch darf die Frist von 10 Tagen nicht unterschritten werden. Nach der Prüfung der eingereichten Teilnahmeanträge können die Unternehmen dazu aufgefordert werden, ein Angebot abzugeben. Dem Auftraggeber ist es erlaubt, die Anzahl der aufzufordernden Bewerber zu begrenzen.

2.2.3 Verhandlungsverfahren

Eines der flexibelsten Verfahren ist das Verhandlungsverfahren, weil zum Zeitpunkt der Bekanntmachung noch nicht alle Einzelheiten des Auftrages festgelegt sein müssen, und die Bieter ihre Angebote nach der Angebotsabgabe noch verbessern dürfen. Man unterscheidet zwischen dem Verhandlungsverfahren mit Teilnahmewettbewerb und dem Verhandlungsverfahren ohne Teilnahmewettbewerb.

Verhandlungsverfahren mit Teilnahmewettbewerb

Wie beim nicht offenen Verfahren, kann eine unbeschränkte Anzahl von Unternehmen im Rahmen eines Teilnahmewettbewerbs Teilnahmeanträge abgeben. Die Fristen sind auch hierbei identisch. Nach der Überprüfung der Teilnahmeanträge können dann Unternehmen zur Abgabe von Erstangeboten aufgefordert werden. Die Anzahl der Unternehmen darf begrenzt werden. Danach darf der Auftraggeber mit dem Bieter über das Erstangebot und Folgeangebote Inhaltlich verhandeln. Nicht jedoch über die Mindestanforderungen und Zuschlagskriterien oder den endgültigen Angeboten. Zum Abschluss der Verhandlungen wird eine gemeinsame Frist festgelegt, in der die endgültigen Angebote eingereicht werden müssen. Diese werden dann den Mindestanforderungen entsprechend geprüft und anhand der Zuschlagskriterien der Zuschlag erteilt.

Verhandlungsverfahren ohne Teilnahmewettbewerb

Beim Verhandlungsverfahren ohne Teilnahmewettbewerb kommt es direkt zu einer Abgabe von Erstangeboten. Die Fristen und Fristverlängerungen sind mit den anderen Fristverlängerungsauflagen identisch. Nur bei Zustimmung aller Bewerber, oder in Fällen besonderer Dringlichkeit kann eine andere Frist vereinbart werden, die aber mindestens 10 Tage betragen muss. Der weitere Ablauf ist mit dem Verhandlungsverfahren mit Teilnahmewettbewerb identisch.

2.2.4 Wettbewerblicher Dialog

Der wettbewerbliche Dialog ist in drei Phasen aufgegliedert. Zunächst gibt es einen Teilnahmewettbewerb, der wie im nicht offenen Verfahren oder wie im Verhandlungsverfahren abläuft. Die Fristen und Verlängerungen sind ebenfalls mit denen des nicht offenen Verfahrens identisch. Der Auftraggeber macht die Anforderungen europaweit bekannt, wobei die Erläuterungen in der Auftragsbekanntmachung oder in den Vergabeunterlagen erfolgen soll. In dem anschließenden Dialog wird mit den ausgewählten Unternehmen über alle finanziellen Aspekte (Preis, Kosten, Einkünfte), aber auch über rechtliche Aspekte gesprochen.

Zum Schutz des geistigen Eigentums sind die Dialoge grundsätzlich mit jedem Bewerber einzeln zu führen, es sei denn, die Teilnehmer stimmen etwas anderem zu.

Die Lösungsvorschläge können schriftlich konkretisiert und schrittweise vervollständigt/verbessert werden. Die Anzahl der Phasen kann vom öffentlichen Auftraggeber festgelegt werden. In der letzten Phase werden die Unternehmen über den Abschluss informiert und aufgefordert das endgültige Angebot abzugeben. Klarstellungen, Präzisierungen und Feinabstimmungen zu den Angeboten sind noch möglich.

2.2.5 Übersicht

Diese fünf Verfahren haben unterschiedliche Auswirkungen auf die Bekanntmachung, das Auswahlverfahren, Fristen und mögliche Verhandlungsmöglichkeiten. Vor allem aber hat es einen Einfluss auf die Dauer des Ausschreibungsverfahrens. In der nachfolgenden Grafik sieht man die Übersicht über den Verlauf der Verfahrensarten oberhalb der Schwellenwerte.

Vergabeverfahren

Offenes Verfahren

Nicht-offenes Verfahren mit Teilnahmewettbewerb

Verhandlungsverfahren mit Teilnahmewettbewerb

Wettbewerblicher Dialog

Verhandlungsverfahren ohne Teilnahmewettbewerb

Bekanntmachung

Bekanntmachung der öffentlichen Ausschreibung/ des Teilnahmewettbewerbs

Auswahlverfahren

Eingang Teilnahmeantrag

Auswahl der Bewerber

Eingang Teilnahmeantrag

Dialogphasen

Auswahl der Bewerber

Auswahl der Bewerber

Versendung

Versendung der Vergabeunterlagen

Angebotseingang und Angebots-bearbeitung

Eingang der Angebote / Öffnung

Prüfung Formalien, Eignungskriterien, Rechnerische Prüfung

Wertung an Hand der Zuschlagskriterien

Verhandlungsmöglichkeiten

Zuschlagserteilung

Vorabinformation der Bieter

Zuschlagserteilung

Auftragsabwicklung

Auftragsabwicklung

Abbildung 12:Verlauf der Verfahrensarten oberhalb der Schwellenwerte

2.2.6 Zusatz: Die Innovationspartnerschaft

Die Innovationspartnerschaft ist laut Gesetzgeber als ein Verfahren zur Entwicklung innovativer, noch nicht auf dem Markt verfügbarer Liefer-, Bau- oder Dienstleistungen geregelt.

Zunächst muss auch in diesem Verfahren eine Auftragsbekanntmachung erfolgen. In dieser oder den Vergabeunterlagen muss die innovative Leistung und die Mindestanforderungen beschrieben sein. Eignungskriterien sollen zeigen, dass die Unternehmen die innovativen Leistungen erbringen können.

Auch in diesem Verfahren kann der Auftraggeber die Anzahl der beteiligten Unternehmen begrenzen.

Außer über das endgültige Angebot, darf hier zum Zweck der inhaltlichen Verbesserung über die abgegebenen Angebote verhandelt werden.

Der Zuschlag wird dann auf ein Angebot eines oder mehrerer Bieter erteilt.

Wichtig ist hierbei, dass nicht allein der Preis entscheidend sein darf, sondern die Innovationen und deren Auswirkungen.

2.3 Verfahren unterhalb der Schwellenwerte

Kommen wir nun zur Ausschreibung unterhalb der Schwellenwerte, also auf nationaler Ebene. Hier unterscheidet man drei verschiedene Verfahrensarten:

- Öffentliche Ausschreibung
- Beschränkte Ausschreibung
- Freihändige Vergabe

Am häufigsten gibt es die Ausschreibung als Öffentliche Ausschreibung. In Ausnahmefällen wird die Ausschreibung als beschränkte Ausschreibung geführt und im Einzelfall ist eine Freihändige Vergabe erlaubt.

Regelfall	Ausnahmefall	Einzelfall
Freihändige Vergabe	Beschränkte Ausschreibung	Freihändige Vergabe

Abbildung 13: Unterschiedliche Verfahren unterhalb der Schwellenwerte

2.3.1 Öffentliche Ausschreibung

Die Öffentliche Ausschreibung beginnt mit der Bekanntmachung, die eine unbeschränkte Vielzahl von Unternehmen zur Abgabe von Angeboten auffordert.

Bis zum Ablauf der in der Bekanntmachung gesetzten Angebotsfrist dürfen Angebote abgegeben werden. Danach folgt die Angebotseröffnung. Es werden Formalien der Angebote, sowie die Eignung der Bieter und die Angemessenheit der Preise geprüft und anschließend die Angebote gewertet. In bestimmten Ausnahmefällen können an die Bieter Aufklärungsfragen gerichtet werden. Bis zum Ende der Zuschlags- und Bindefrist soll die Auftragsvergabe erfolgen.

2.3.2 Beschränkte Ausschreibung

Bei der beschränkten Ausschreibung wird eine beschränkte Anzahl von Unternehmen zur Abgabe von Angeboten aufgefordert. In der Regel, wird hierbei ein Teilnahmewettbewerb vorangestellt. Es müssen jedoch im Regelfall mindestens drei Bewerber zur Angebotsabgabe aufgefordert werden. Es muss auch in der Endphase einer Ausschreibung ein echter Wettbewerb gewährleistet sein. Eine derartige Reduzierung des Wettbewerberkreises kann jedoch erlaubt sein, wenn komplexere Eignungsanforderungen überprüft werden müssen. Den verbleibenden Anbietern wird dann eine Angebotsfrist gesetzt. Der Rest des Vergabeverfahrens läuft anschließend wie bei der Öffentlichen Ausschreibung ab.

2.3.3 Freihändige Vergabe

Bei der Freihändigen Vergabe gelten in der Regel die Verfahrensordnungen für öffentliche und beschränkte Ausschreibung entsprechend. Eignung- und Wertungskriterien müssen auch hierbei definiert werden, der Leistungsgegenstand muss allerdings noch nicht festgelegt sein. Bei Liefer- und Dienstleistungen muss im Regelfall ein Teilnahmewettbewerb durchgeführt werden. Die Mindestzahl von drei Teilnehmern darf nicht unterschritten werden. Für Bauleistungen gibt es keine Mindestzahl. Mit den verbleibenden Bietern kann dann über Preis und Leistungsinhalt gesprochen werden. Jedoch müssen allen Bietern die Möglichkeit zur Nachbesserung bei Preis und Leistungsinhalten eingeräumt werden.

2.3.4 Übersicht

Auch diese drei Verfahren haben Auswirkungen auf die Bekanntmachung, das Auswahlverfahren, Fristen und mögliche Verhandlungsmöglichkeiten.

Ebenfalls entscheidend sind hierbei auch die Zeiträume, wie lange eine Ausschreibung bei einem bestimmten Verfahren dauert.

In der folgenden Übersicht ist der Verlauf der einzelnen Verfahrensarten unterhalb der Schwellenwerte aufgezeigt.

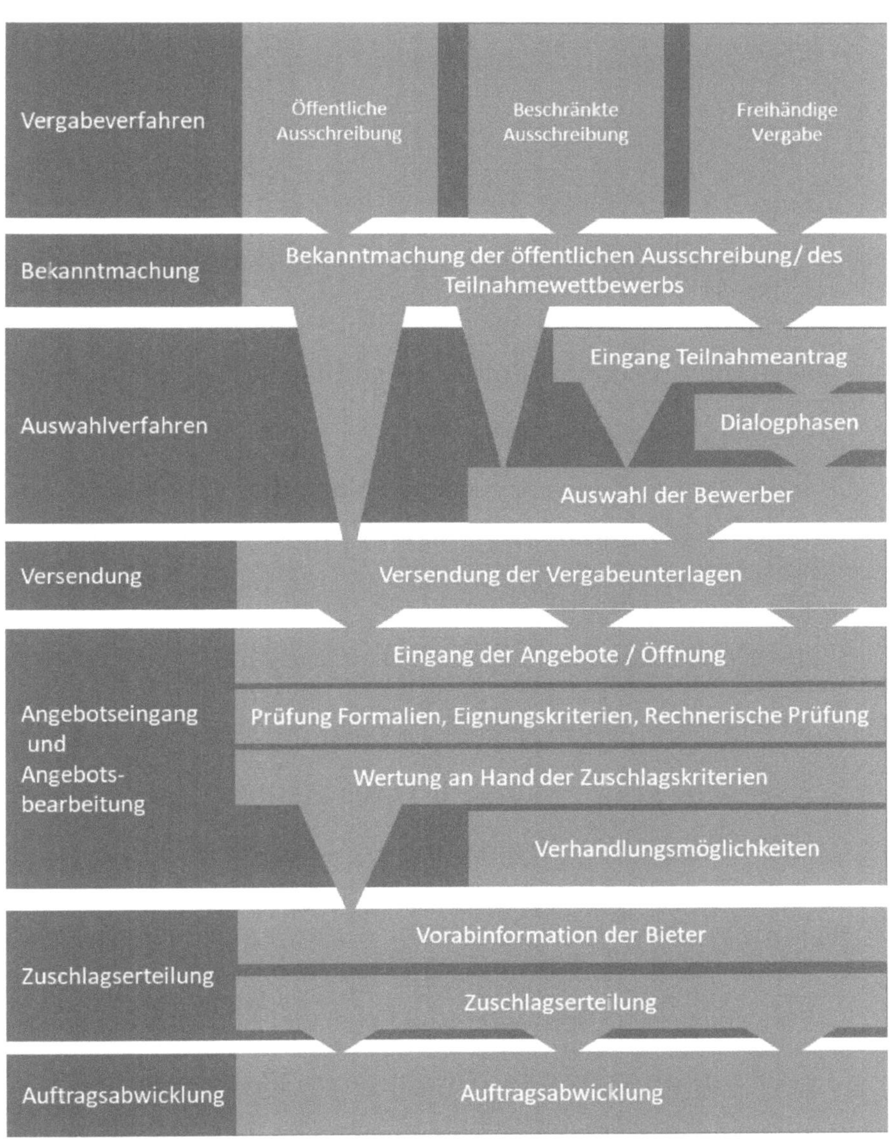

Abbildung 14: Verlauf der Verfahrensarten unterhalb der Schwellenwerte

2.4 Sonderfall: Freiberufliche Leistungen

Eine freiberufliche Leistung liegt vor, wenn die Tätigkeit einen hohen Grad an Selbstständigkeit bei der Berufsausübung hat und/ oder eine Weisungsunabhängigkeit besteht. Die Regeln zur Beschaffung freiberuflicher Dienstleistungen enthält seit 18. April 2016 die Vergabeverordnung (VgV). Bei gemischten Leistungen) handelt es sich um eine freiberufliche Leistung, wenn der Anteil der freiberuflichen Leistung überwiegt.

Auch bei den freiberuflichen Leistungen gelten die Schwellenwerte, um zu entscheiden ob die freiberuflichen Leistungen national oder europaweit ausgeschrieben werden müssen. Bei geschätzten Auftragswerten unterhalb des europäischen Schwellenwerts sind freiberufliche Leistungen nach den allgemeinen Bestimmungen zu vergeben. Ab dem europäischen Schwellenwert sind das Gesetz gegen Wettbewerbsvorschiften

(GWB) und die Konzessionsvergabeverordnung (KonzVgV) anzuwenden.

Für Sie als Teilnehmer einer Ausschreibung ist es wichtig zu wissen, an welcher Ausschreibung sie teilnehmen, damit Sie beurteilen können, wie der weitere Prozess des Ausschreibungsverfahren aussehen wird. Je nach Verfahrensart ändert sich der Ablauf einer Ausschreibung. Das hat Auswirkungen auf die Dauer des Ausschreibungsverfahren, aber auch auf den damit verbundenen Aufwand. Je nach Verfahrensart können also die Ausschreibungen unterschiedlich lang dauern und somit Auswirkungen auf ihre Planung und die Finanzen haben. Gerade bei kleineren Unternehmen sind die Auswirkungen größer und damit umso wichtiger.

Zusammenfassung Kapitel 2

In Kapitel 2 haben wir uns mit den Verfahrensarten beschäftigt. Daher kann nun in Verfahren unterhalb und oberhalb der Schwellenwerte unterschieden werden. Sie kennen die wichtigsten Informationen zu den:

- Offenen und Nicht Offenen Verfahren, den Verhandlungsverfahren, dem wettbewerblichen Dialog und der Innovationspartnerschaft

und den

- Öffentlichen Ausschreibungen, Beschränkten Ausschreibungen und der Freihändigen Vergabe

Im folgenden Kapitel wird nun näher auf die eigentliche Bearbeitung der Ausschreibung eingegangen.

Kapitel 3: Die Bearbeitung der Ausschreibung

Im letzten Kapitel haben wir uns damit beschäftigt, die unterschiedlichen Verfahrensarten genauer zu betrachten. Wir wissen nun, sobald wir die Verfahrensart sehen, welcher Prozess dahintersteckt und mit welchem zeitlichen Rahmen zu rechnen ist. Nun geht es darum, diese Ausschreibung zu beantworten.

Hierbei kann es Unterschiede von Branche zu Branchen und in den Unternehmen geben. Allerdings haben viele Ausschreibungen einen ähnlichen gemeinsamen Bearbeitungskern, der sich bei den meisten Ausschreibungen wiederholt. In diesem Kapitel sollen Sie diesen Bearbeitungskern kennenlernen.

3.1 Die Vorbereitung

Versetzen Sie sich nun in die konkrete Lage hinein, dass eine Ausschreibung oder deren Bekanntmachung vor Ihnen liegt. In der Regel sind Bekanntmachungen zwischen zwei bis fünf Seiten lang und geben einen ersten Eindruck über die Eckdaten einer Ausschreibung.

Aufgrund Ihrer Recherche sollte nach einem ersten Eindruck die Bekanntmachung zu Ihren Dienstleistungen passen und sich auch in Ihrem Lieferradius befinden. Ebenfalls wissen Sie auch, um welche Art der Ausschreibung es sich handelt und welche Folgen diese Form der Ausschreibung hat.

Fangen wir nun an, die Ausschreibung zu bearbeiten. Legen Sie sich hierfür schon einmal einen Block oder ein Blatt bereit oder öffnen Sie eine Notiz auf Ihrem Computer. Denn zunächst kümmern wir uns um die Bieterfragen.

3.1.1 Bieterfragen

Bieterfragen sind ein wichtiges Instrument, um Unklarheiten bei einem Vergabeverfahren zu klären.

Die Fragen geben dem Auftraggeber die Möglichkeit, Dinge klarzustellen beziehungsweise zu korrigieren. Die Antworten geben den Bietern Klarheit darüber, was der Auftraggeber genau fordert. Bieterfragen sind aber auch ein Instrument für Bieter, um zu sehen, was die Wettbewerber in dieser Ausschreibung vorhaben. Schaut man sich manche Fragen genauer an, können diese Hinweise auf die Strategie des anderen geben.

Dies sollten Sie auch bei Ihren eigenen Fragen im Hinterkopf haben. Stellen Sie die Fragen so, dass Ihre Mitbewerber daraus keine oder möglichst wenig Rückschlüsse ziehen können.

Sie sollten daher jederzeit mögliche Unklarheiten bei dem Bearbeiten der

Ausschreibungsunterlagen sammeln. Auch von Ihren Mitarbeitern. Die Bieterfragen unterliegen allerdings meist ebenfalls einer Frist. Sie sollten sich daher das Datum, bis wann Sie die Bieterfragen stellen können, markieren und im Kopf behalten.

Ebenfalls wichtig für das Thema der Bieterfragen ist, Wenn Sie Teile der geforderten Leistung oder die vollständige Anforderung nicht erfüllen können. Hierbei könnten Sie durch eine bestimmte Fragestellung in Erfahrung bringen, ob eine Alternative möglich wäre.

Beispiel:

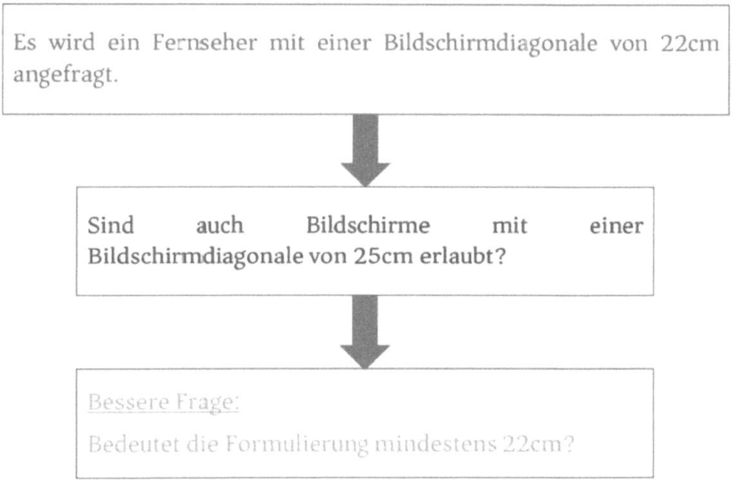

Es wird ein Fernseher mit einer Bildschirmdiagonale von 22cm angefragt.

Sind auch Bildschirme mit einer Bildschirmdiagonale von 25cm erlaubt?

Bessere Frage:

Bedeutet die Formulierung mindestens 22cm?

Abbildung 15: Beispiel einer Umformulierten Bieterfrage

Aufweichende Formulierungen wie können hierbei hilfreich sein.

Sollten sich für Sie selbst bei einer Ausschreibung keinerlei Bieterfragen ergeben, sollten Sie allerdings unbedingt die gestellten Bieterfragen der Mitbewerber einsehen. Versuchen Sie diese zu analysieren und mögliche Rückschlüsse zu ziehen. Vielleicht können Sie anhand der Fragen bestimmte Lösungsansätze erkennen.

3.1.2 Die Bekanntmachung

Auftragsbekanntmachung

Bauauftrag

Abschnitt I: Öffentlicher Auftraggeber

I.1) Name, Adressen und Kontaktstelle(n)

Offizielle Bezeichnung: Staatl. Bauamt Amberg-Sulzbach
Postanschrift: Archivstraße 1
Ort: Amberg
Postleitzahl: 92224
Land: DE
Kontaktstelle(n): Vergabestelle
Telefon: +49 9621/307-0
E-Mail: vergabe@stbaas.bayern.de
Fax: +49 9621/307-188

Internet-Adresse(n)

Hauptadresse des öffentlichen Auftraggebers: http://www.vergabe.bayern.de
Adresse des Beschafferprofils: http://www.vergabe.bayern.de
Elektronischer Zugang zu Informationen:
my.vergabe.bayern.de/ausschreibungen/show.html?id=91564
Elektronische Einreichung von Angeboten und Teilnahmeanträgen:
http://www.vergabe.bayern.de

Weitere Auskünfte erteilen

Ausschreibungs- und ergänzende Unterlagen (einschließlich Unterlagen für den wettbewerblichen Dialog und ein dynamisches Beschaffungssystem) verschicken

Angebote oder Teilnahmeanträge sind zu richten an

I.2) Art des öffentlichen Auftraggebers

Ministerium oder sonstige zentral- oder bundesstaatliche Behörde einschließlich regionaler oder lokaler Unterabteilungen

I.3) Haupttätigkeit(en)

Allgemeine öffentliche Verwaltung

I.4) Auftragsvergabe im Auftrag anderer öffentlicher Auftraggeber / anderer Auftraggeber

Der öffentliche Auftraggeber beschafft im Auftrag anderer öffentlicher Auftraggeber: nein

Abschnitt II: Auftragsgegenstand

II.1) Beschreibung

II.1.1) Bezeichnung des Auftrags durch den öffentlichen Auftraggeber

Bezeichnung des Auftrags durch den öffentlichen Auftraggeber: Tischlerarbeiten Fenster und Außentüren

II.1.2) Art des Auftrags und Ort der Ausführung, Lieferung bzw. Dienstleistung

Bauauftrag
Umfang in Anhang A.IV: Ausführung
Hauptausführungsort: 92224 / Amberg
NUTS-Code: DE231

II.1.3 Angaben zum öffentlichen Auftrag, zur Rahmenvereinbarung oder zum dynamischen Beschaffungssystem (DBS)

Die Bekanntmachung beinhaltet einen öffentlichen Auftrag

II.1.4) Angaben zur Rahmenvereinbarung

Laufzeit der Rahmenvereinbarung

Geschätzter Gesamtauftragswert über die Gesamtlaufzeit der Rahmenvereinbarung

1/5

Abbildung 16: Beispiel einer typischen Auftragsbekanntmachung

Innerhalb der Auftragsbekanntmachung gibt es sechs Abschnitte:

Abschnitt 1: Öffentlicher Auftraggeber

Abschnitt 2: Auftragsgegenstand

Abschnitt 3: Rechtliche, wirtschaftliche, finanzielle und technische Angaben

Abschnitt 4: Verfahren

Abschnitt 5: Informationen zur Auftragsvergabe (wird in der Regel nicht in der Auftragsbekanntmachung aufgeführt)

Abschnitt 6: Weitere Angaben

Für Sie relevant sind folgende Informationen und genau diese Informationen sollten Sie schnellstmöglich aus der Auftragsbekanntmachung herausziehen können:

- Auftragsgegenstand
- Umfang des Auftrags bzw. Auftragswert
- Zuschlagskriterien
- Notwendige Eignungen
- Angebotsfrist

Abbildung 17: Relevante Informationen der Auftragsbekanntmachung

Anhand dieser Informationen sollten Sie entscheiden können, ob Sie an einer Ausschreibung teilnehmen möchten oder nicht. Markieren Sie sich mit einem farbigen Stift am Anfang die wichtigsten Eckpunkte auf der Bekanntmachung (im digitalen Zeitalter können Sie natürlich auch im PDF mit einem Markierungsstift arbeiten).

In manchen Fällen merken Sie vielleicht schon, dass diese Ausschreibung nicht passend ist. Vielleicht ist es doch der Inhalt, der beim erneuten Lesen oder tiefergehenden Lesen, nicht mehr ganz passend ist, oder Ihnen fällt ein, dass zum Lieferzeitpunkt nicht geliefert werden kann oder, oder, oder. Deshalb ist es jetzt von entscheidender Bedeutung festzustellen, ob Sie sich die Mühe der Bearbeitung und/ oder Beantwortung der Ausschreibung sparen können. Sie sollten entscheiden, ob die Ausschreibung passt oder nicht.

Die im folgenden vorgestellte Entscheidungshilfe des Bid oder No-Bid ist nicht abschließend, sondern soll Ihnen ein erstes Gefühl dafür geben, welche Faktoren für eine Ausschreibungsbearbeitung wichtig sind. Weitere Faktoren können/ sollten und/ oder müssten im Laufe der Zeit noch hinzugefügt werden, wie zum Beispiel die Gewinnmarge. Vielleicht stellen Sie fest, dass sich bestimmte Ausschreibungen in Ihrem Fall erst ab einem bestimmten Auftragswert lohnen. Dann sollten Sie die Ausschreibungen, die unterhalb des Auftragswertes liegen, auch nicht bearbeiten.

3.1.3 Bid oder No-Bid

Mit dem Auffinden einer Ausschreibung haben Sie auch gleich damit, begonnen die Auftragsbekanntmachung zu lesen. Wie bereits erwähnt gibt es hierbei einige Kernpunkte, die für Sie von entscheidender Bedeutung sein sollten:

1. Abgabedatum
2. Lieferdatum
3. Voraussetzungen
4. Inhalt
5. Umfang

Bei diesen fünf Kernpunkten sollten Sie sich bereits Gedanken darüber machen, ob Sie realistische Gewinnchancen haben werden.

Sollten Sie einen der oberen Punkte nicht erfüllen können, so werden Sie die Ausschreibung vermutlich auch nicht gewinnen können.

Es ist daher absolut notwendig, diese Kernpunkte zu prüfen und zu entschieden, ob Sie Energie, Zeit und möglicherweise auch Mitarbeiter in die Bearbeitung der Ausschreibung investieren möchten. Die nachfolgende Checkliste sollte Ihnen die Entscheidungsfindung erleichtern.

3.1.4 Checkliste Bid oder No-Bid

1. **Abgabedatum**

   Schaffen Sie es, das Abgabedatum einzuhalten? Haben Sie genügend Mitarbeiter oder Zeit, um diese Ausschreibung zu beantworten?

2. **Lieferdatum**

   Können Sie zum geforderten Zeitpunkt ihre Leistung liefern? Kollidiert es mit anderen Aufträgen?

3. **Voraussetzungen**

   Erfüllen Sie alle zwingenden (und notwendigen) Kriterien voll und ganz? Erfüllen Sie auch die anderen Voraussetzungen?

4. **Inhalt**

   Passt der Inhalt zu meinen Dienstleistungen?

5. **Umfang**

   Kann ich den Umfang in der geforderten Zeit erbringen? Sind die Kapazitäten für den Umfang ausreichend?

Diese Checkliste sollte für Sie eine Orientierungshilfe bieten. Hierbei ist es wichtig, dass Sie diese an Ihr Unternehmen und an Ihre Branche und an den damit verbundenen Ausschreibungsprozess anpassen sollten.

Wenn Sie alle Fragen mit Ja beantworten können sollten Sie anfangen, sich mit der Ausschreibung intensiver zu beschäftigen.

Wenn Sie allerdings bei einer oder mehreren Fragen zweifeln oder mit Nein antworten müssen, dann legen Sie die Ausschreibung bei Seite.

Sie sollten nicht auf alles schießen, was sich bewegt, in der Hoffnung, dass Sie irgendwann treffen. Es ist entscheidend, dass Sie ihre Ressourcen zielführend einsetzen.

Nicht nur, dass Sie sich so viel Arbeit sparen könnten, sondern auch ein wesentlich geringeres Maß an Frustration haben werden, wenn Sie sich auf die Ausschreibungen fokussieren, bei denen Sie auch wirkliche Gewinnchancen haben.

Ein klares und begründetes „Nein" bei einer Ausschreibung kann viel Zeit, Kosten und Motivation sparen.

Zumal Sie auch einen Eindruck bei dem potenziellen Arbeitgeber hinterlassen. Der kann bei einem schlechten Angebot auch negativ sein.

3.2 Projektplan

Wenn Sie sich für die Ausschreibung entscheiden, sollten Sie sich als nächstes einen groben Projektplan entwerfen. Hier sollten Sie sich keinen überdimensionalen Projektplan vorstellen, der aus mehreren Seiten besteht und alles bereits im Vorfeld durchgeplant ist.

Es geht hierbei eher darum, dass Sie ein erstes Gefühl für den Umfang der Aufgaben und der Zeit bekommen, die Sie zur Verfügung haben. Wie Sie den Projektplan aufbauen möchten, bleibt Ihnen überlassen. Viele arbeiten gerne mit Excel oder Word. Aber am Ende reicht auch ein nicht-digitaler Schreibblock, um Ihre Notizen zu machen.

Durch den Projektplan sollten sie zum einen zeitlichen Überblick, aber auch einen Überblick über die Aufgaben/ abzugebende Dokumente und den Fortschritt erhalten. Beschäftigen wir uns zunächst mit dem Zeitplan

3.2.1 Der Zeitplan

Anfangen sollten Sie ihren Projektplan immer mit einem groben Zeitplan, denn Zeit ist bei den meisten Ausschreibungen das, was am Ende fehlt.

Den Zeitplan können Sie sich einfach als Zeitstrahl vorstellen, bei dem Sie das Start- und Enddatum bereits wissen.

Das Startdatum ist zumeist das tagesaktuelle Datum, an dem Sie das Dokument gerade erstellen und das Enddatum ist der Abgabetermin der Ausschreibungsunterlagen.

Nun kommt es auf eine ungefähre Planung an, wieviel Zeit Sie für die Beantwortung der Ausschreibung benötigen. Natürlich hängt das davon ab, wie viele Mitarbeiter an der Ausschreibung arbeiten, deren Erfahrung und auch auf die Form der Ausschreibung, als das jeweilige Verfahren und den Umfang der geforderten Ausschreibungsunterlagen.

Am Anfang werden Sie also eine grobe Schätzung angeben. Aber mit jeder Ausschreibung, die Sie bearbeiten werden, werden Ihre Schätzungen genauer und zutreffender. Bei dieser Zeitplanung geht es aber vor allem darum, dass Sie ein Gefühl dafür bekommen, welcher Prozessschritt Sie am meisten Zeit kostet, wie lange die Ausschreibungen dauern, wie viel Aufwand dahintersteckt, etc.

Sie sollten immer davon ausgehen, dass Sie einen kleinen zeitlichen Puffer einplanen, denn während eines Ausschreibungsprozesses kann immer einmal etwas schief gehen.

Das Angebot benötigt auch immer noch einen Feinschliff, bei dem man letzte Änderungen, Ergänzungen, Korrekturen oder sonstige Dinge mit einarbeiten sollte. Den Rest der Zeit können Sie dann nutzen, um sich um das Angebot und die geforderten Nachweise zu kümmern. Im besten Fall haben Sie die regelmäßig angefragten Dokumente und Nachweise bereits aktuell gesammelt und irgendwo griffbereit hinterlegt. Selbstverständlich sind die drei Punkte nicht gleich gewichtet und beanspruchen auch nicht die gleiche Zeit. Die meiste Zeit werden Sie vermutlich für die eigentliche Angebotsbearbeitung benötigen. Nach der Korrektur benötigen Sie noch einmal Zeit, um die Korrekturen auch einarbeiten zu können und vielleicht noch einmal einen weiteren Korrekturlauf durchführen können. Der kleinste Part und auch zugleich der Part, den die meisten bei der Bearbeitung einer Ausschreibung bei Zeitnot am schnellsten Kürzen oder Streichen, ist der Puffer. Die Gewichtung der einzelnen Punkte lässt sich am besten durch ein Beispiel erklären.

Beispiel:

Haben Sie für eine Ausschreibung 30 Tage Zeit, so wird vermutlich folgende Einteilung wahrscheinlich:

ihre Bearbeitung: ***15 Tage***

die Korrekturphase: ***10 Tage***

und der Puffer: ***5 Tage***

Sie können sich dann diese Einschätzung als Grafik veranschaulichen. Diese Grafik können Sie dann mit den tatsächlichen Daten versehen und Ihr Zeitplan wäre fertig gestellt.

Abbildung 18: Veranschaulichung eines einfachen Zeitplanes

Natürlich müssen Sie diesen Zeitplan nicht genauso einhalten. Er dient lediglich zur Orientierung und für ein erstes Gefühl. Auch hierbei kommt es auf Ihre Unternehmensstruktur (Anzahl der Mitarbeiter, ...) an und natürlich auch auf die Branche. Ebenfalls kommt es darauf an, wie Sie individuell mit den Ausschreibungen umgehen. Bei Prozessen ist es immer entscheidend, diese an Ihre Unternehmenskultur anzupassen und nicht eins zu eins versuchen Ihr Unternehmen in eine Form hinein zu quetschen.

3.2.2 Die Aufgaben

Bei einer Ausschreibung fallen unterschiedliche Aufgaben an. Je nachdem, wie groß Ihr Ausschreibungsteam ist, oder ob Sie die Ausschreibung zunächst allein bearbeiten, müssen Sie die unterschiedlichen Aufgaben nach Zeit und Priorität sortieren.

Dafür brauchen Sie einen Überblick, welche Aufgaben überhaupt anfallen.

Typischerweise gliedert sich ein Angebot in folgende verschiedene Aufgabenbereiche:

- Anschreiben
- Konzept/ Angebot
- Preiskalkulation
- Anhang/ geforderte Unterlagen

Innerhalb des Konzeptes kann man dann noch einmal in den technischen oder inhaltlichen, den vertrieblichen und den graphischen Teil unterscheiden.

Wenn Sie nun eine Vorstellung davon haben, wer in Ihrem Team für welche Aufgaben geeignet wäre, können Sie zum Beispiel zur besseren Übersicht eine Tabelle erstellen. Hierzu gibt es ein Beispiel auf der folgenden Seite.

Es empfiehlt sich, die Aufgaben noch einmal zu unterteilen und zu beschreiben, was innerhalb der Aufgabe erwartet wird, so zu sagen das Ergebnis der Aufgabe.

Teammitglied	Aufgabe	Ergebnis	Status
Günther	Anschreiben	Ein seitiges Anschreiben nach den Formvorgaben der Ausschreibungsunterlagen (XY)	abgeschlossen
Richard	Konzept	Problembeschreibung des Kunden	Abgeschlossen
		Lösungskonzept unserer Firma	Offen
		Lösungszeitraum	Offen
		Passende Referenzen	In Bearbeitung
		Lebensläufe der Mitarbeiter, die das Lösungskonzept umsetzen	In Bearbeitung
Sabine	Kalkulation	Vorgefertigtes Preisblatt der Ausschreibungsunterlagen ausfüllen	In Bearbeitung
Ilse	Geforderte Unterlagen	Handelsregisterauszug	In Bearbeitung
		Gewerbeanmeldung	Abgeschlossen
		Eigenerklärung	offen

Abbildung 19: Erstellung eines Teamplans

Jetzt geht es noch um die Priorisierung. Welche Aufgaben sollten vor den anderen erledigt werden?

Grundsätzlich sollten Sie erst einmal checken, ob alle erforderlichen Unterlagen vorhanden sind. Das sind solche Dokumente, die Ihnen möglicherweise von einer dritten Stelle zur Verfügung gestellt werden müssten. Zum Beispiel einen aktuellen

Handelsregisterauszug oder ähnliches. Sollten Ihnen derartige Dokumente nicht vorliegen, sollten Sie diese sofort beantragen.

Dadurch können Sie sich bereits um andere Aufgaben weiterhin kümmern und verlieren keine Zeit. Unter Umständen kann es auch sein, dass die verlangten Unterlagen auf Anforderung länger dauern als vermutet oder sogar länger dauern, als die Frist geht. In diesem Fall sollte die Vergabestelle darüber in Kenntnis gesetzt werden und es können mögliche Lösungen besprochen werden.

3.2.3 Der Fortschritt

Wenn Sie die Aufgaben nun verteilt haben und wissen, wer für welche Aufgaben verantwortlich ist, sollten Sie nun immer wieder den Fortschritt der Aufgaben kontrollieren und im Auge behalten.

Hierfür habe ich in der obenstehenden Tabelle einfach einen zusätzlichen Reiter: „Status" eingefügt. Hierbei wäre die einfachste Unterscheidung in

- offen
- In Bearbeitung
- abgeschlossen

Spezifischer und ein genaueres Gefühl würde Ihnen die Unterscheidung in Prozentzahlen geben. Hier könnte man dann angeben, dass es zur Hälfte fertig wäre (50%) oder aber fast fertig mit 80%.

Denn oftmals bekommen die Mitarbeiter ein besseres Gefühl dafür, angeben zu können, wie weit sie gekommen sind und sie bekommen auch ein besseres Verständnis für die Angabe. Diese Form der Statuskontrolle kann aber auch von Ihren Mitarbeitern ein gewisses Maß an Übung erfordern.

Eine weitere Spalte für Kommentare oder Anmerkungen ist bei der Bearbeitung ebenfalls sehr hilfreich. Diese könnte genutzt werden, um auf bestimmte Schwierigkeiten frühzeitig hinzuweisen oder einfach noch an etwas zu denken, was in ein paar Tagen noch einmal relevant werden könnte.

Dies hilft nicht nur Ihnen, um den Überblick zu behalten, sondern ebenfalls auch um mögliche Schwierigkeiten frühzeitig zu erkennen und Gegenmaßnahmen zu ergreifen. Generell empfiehlt es sich, wenn bei der Bearbeitung von Ausschreibungen mit mehr als zwei Personen ein regelmäßiges Meeting gehalten wird.

Zumeist reicht ein 10-minütiges Telefonat am Anfang eines Tages, bei dem ersichtlich wird, wer welche Aufgaben an dem Tag übernimmt und ob es irgendwelche Komplikationen gibt.

Diese können dann frühzeitig behoben werden. Nutzen Sie die Tabelle immer bei dem Telefonat, um sich Notizen zu machen und um alles auf den neuen Stand zu bringen. Achten Sie allerdings darauf, dass sie die unterschiedlichen Versionen nicht überschreiben, da Sie sonst den täglichen oder wöchentlichen Fortschritt nicht mehr nachvollziehen können.

Dieses Vorgehen ist besonders bei der Nachbereitung einer Ausschreibung von erheblichem Vorteil. Aber darauf kommen wir noch im letzten Kapitel dieses Buches.

3.2.4 Checkliste und Überblick

Nun haben Sie eine grobe Vorstellung davon, wie viel Zeit Sie für die Ausschreibung und die einzelnen Punkte benötigen. Fangen Sie aber jetzt bitte nicht an, wild an allen Dokumenten gleichzeitig zu arbeiten.

Es ist wichtig, dass Sie nicht den Überblick verlieren.

Am besten erstellen Sie sich erst einmal eine kleine Tabelle mit allen Dokumenten, die gefordert sind. Diese kann in Excel, in Word oder per Hand erstellt werden. Achten Sie hierbei auf absolute Vollständigkeit, denn diese Liste können Sie später als letzte Checkliste vor der Abgabe heranziehen.

Inzwischen gibt es im Internet eine Vielzahl von Checklisten für die Bearbeitung mit Ausschreibungen. Diese können, gerade am Anfang, hilfreich sein.

Sie sind jedoch unter Umständen nicht vollständig und manchmal auch umfangreicher als nötig. Ich würde daher empfehlen, sich selbst die Mühe einer Checkliste zu machen, da Sie nur so sicher sein können, dass genau für Ihre Ausschreibung an alles gedacht wurde und alles vollständig ist.

Viele öffentliche Auftraggeber erleichtern den Unternehmen inzwischen diese Arbeit und erstellen bereits in den Unterlagen eine Checkliste mit den geforderten Dokumenten. Diese können Sie auch nutzen und sich zur Bearbeitung und zum Abhaken ausdrucken und in Sichtweite legen. Hierbei können Sie dann auch den Fortschritt der Dokumente notieren und wer an den einzelnen Punkten/ Dokumenten aktuell arbeitet.

Sind Sie allein für die Angebotsbearbeitung verantwortlich, so sollten Sie einen Überblick darüber haben, welche Dokumente länger dauern könnten und welche nicht. Wie bereits erwähnt, werden in den meisten Fällen spezielle Nachweise gefordert, die Sie, soweit nicht vorhanden, schnellstmöglich beantragen sollten. In der „Wartezeit" können Sie sich dann in Ruhe um die Angebotserstellung kümmern.

Ebenfalls wichtig ist, dass es keine mehreren Versionen gibt, an denen zeitgleich gearbeitet wird. Gerade in größeren Organisationen oder Teams mit mehreren Angebotserstellern ist es wichtig, dass es immer nur ein Dokument gibt. Dieses kann man mit regelmäßigen Absprachen oder Zugriffsrechten vermeiden.

3.3 Das Angebot

Wie wir bereits wissen, setzt sich das Angebot zumeist aus verschiedenen Dokumenten zusammen.

Zum einen haben wir in der Regel so etwas wie ein Anschreiben. Es folgt auch etwas über die gewünschten Dienstleistungen. Oftmals werden auch Referenzen erfragt, die zeigen sollen, dass Sie sich mit der Lieferung solcher Dienstleistungen auskennen. Dann werden oftmals noch weitere Dokumente benötigt, wie die Eigenerklärung, der Handelsregisterauszug, (etc.) und zum Schluss auch eine Preiskalkulation.

Das sind die üblichen Punkte einer Ausschreibung. Auch hier gibt es Unterschiede zwischen den Branchen, den ausschreibenden Stellen oder aber auch einfach der Verfahrensart.

Mit dem Paket aus den genannten Dokumenten sollen Sie nun den Kunden von sich überzeugen. Für die verschiedenen Dokumente gibt es unterschiedliche Möglichkeiten. Allgemein lässt sich sagen, dass die Mindestanforderungen und geforderten Nachweise absolut erfüllt werden müssen.

Mehr Spielraum zur Überzeugung bieten das Anschreiben, das eigentliche Angebot/ das Konzept, und die Referenzen. Für die Eignungsnachweise oder bestimmte Dokumente, die immer wieder benötigt werden, empfiehlt es sich eine gemeinsame Ablage bereit und aktuell zu halten.

In dem folgenden Kapitel soll es aber darum gehen den Kunden mit dem Gesamtpaket zu überzeugen. Sofern es keine Anweisungen bezüglich des „Aussehens" des Angebotes gibt, möchte ich einige hilfreiche Tipps an die Hand geben.

3.3.1 Der Text

Das eigentliche Angebot ist der Kern der Ausschreibung. Hier sollten Sie den Auftraggeber von Ihrer Leistung überzeugen. Es geht aber auch darum aufzuzeigen, dass Sie den Auftraggeber verstanden haben und dass Sie genau für diesen Auftrag die passende Lösung liefern können.

Wenn Sie sich also dem Angebotstext widmen, versuchen Sie auf nichtssagende Marketingsätze zu verzichten, sondern überzeugen Sie den Kunden mit Fakten. Es sollte für den Auftraggeber leicht ersichtlich sein, warum er gerade Sie beauftragen sollte. Auch sollten Sie darauf achten, dass der Angebotstext nicht zu lang wird. Stellen Sie sich vor, dass der Auftraggeber nicht nur Ihr Angebot zu lesen hat, sondern noch viele weitere. Auch daher sollte es dem Auftraggeber so einfach wie möglich gemacht werden, welche Argumente für Sie sprechen.

Strukturieren Sie Ihr Angebot und helfen Sie dem Leser dabei, schnell und einfach durch Ihr Angebot zu finden.

Das erste nützliche Instrument für eine bessere Übersicht ist das Inhaltsverzeichnis. Hier kann der Leser sofort sehen, wo er was zu finden hat und wie Ihr Angebot aufgebaut ist. Achten Sie darauf, dass Sie nicht zu viele Unterpunkte bilden.

Auch eine Zusammenfassung kann dem Leser helfen. Sie dient auch noch einmal dazu, das Gelesene zu festigen und in Erinnerung zu bleiben. Die wichtigsten Argumente finden so noch einmal einen Platz und unterstreichen die Wichtigkeit. Wenn Sie Ihr Unternehmen vorstellen, sollten Sie die Geschichte des Unternehmens, wie sie auf den meisten Websites zu finden sind darstellen.

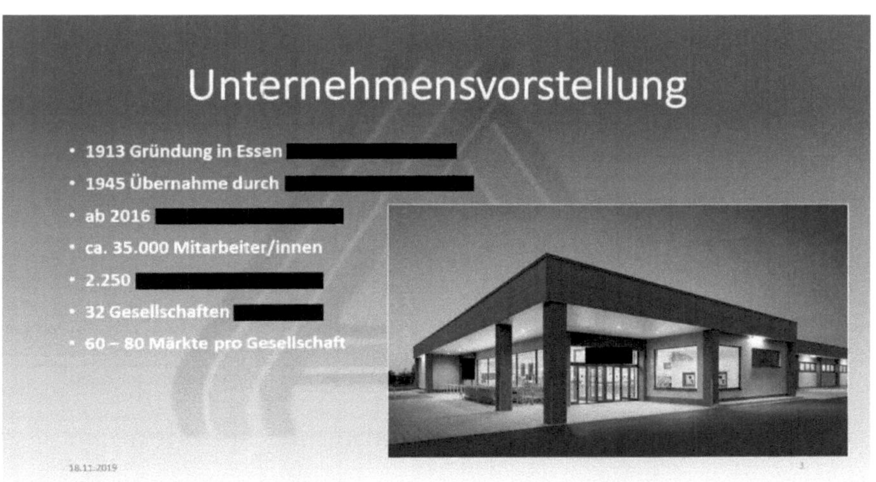

Abbildung 20: nicht geeignetes Beispiel einer Unternehmenspräsentation

Sondern stellen Sie auch hierbei immer den Nutzen des Kunden in den Vordergrund sowie auch die möglichen Kriterien wie in unserem Beispiel der Nachhaltigkeit im folgenden Kapitel der Gewichtung.

Natürlich können Sie die Texte auch mit Hilfe von Überschriften strukturieren. Es gibt allerdings auch noch die Möglichkeit, bestimmte Sachverhalte in Blöcken zu visualisieren. Das heißt, anstatt einen Text untereinander zu schreiben oder mit

Aufzählungen aufzulockern, können Sie Bausteine bilden. Diese haben oftmals den gleichen inhaltlichen Zusammenhang. Wie zum Beispiel bei Referenzen oder aber Mitarbeiterprofilen. Hierfür können Sie sich schöne Vorlagen bauen, die Sie für jede Ausschreibung wiederverwenden können. Wenn Sie hierbei auch noch Ihre Unternehmensfarben mit einbauen, schaffen Sie einen Wiedererkennungswert.

Grundsätzlich gibt es auch noch ein paar nützliche Tipps, die Ihnen bei dem Ausformulieren des Angebotes helfen können.

Wie bereits erwähnt sollten keine Marketingbotschaften Ihr Angebot verwässern. Überzeugen Sie den Kunden mit Zahlen und Daten. Unbestimmte Formulierungen sind subjektiv und können schlecht ausgelegt werden. Ein klassisches Beispiel ist die „langjährige Erfahrung."

Was bedeutet „langjährig"? Sind es zwei Jahre, oder mehr? Sagen Sie dem Kunden, wenn Ihr

Mitarbeiter bereits über zwanzig Jahre Erfahrung bietet. Eine konkrete Zahl hilft mehr als eine subjektive Formulierung. Das ist auch besonders wichtig, um den Nutzen darzustellen. Viele Auftragnehmer neigen dazu, konkrete Ausformulierungen zu vermeiden. Allerdings wird somit auch der Nutzen für den Auftraggeber nicht eindeutig und kann nur schwer in die Bewertung mit aufgenommen werden.

Beispiel:

„Durch die Verwendung von unseren XY Schrauben müssen die Maschinen weniger geölt werden."

Diese Formulierung ist sehr allgemein gehalten und sagt daher wenig aus.

Besser wäre folgende Formulierung:

„Aufgrund der Verwendung von unserer neuen XY Schrauben, die aufgrund der neuartigen Technologie nicht geölt werden müssen, sparen Sie 10% Wartungskosten ein."

Viele Auftragnehmer scheuen sich davor konkrete Zahlen zu nennen, da sie befürchten, dass Sie genau diese Zahlen erreichen müssen, wenn ihr Angebot den Zuschlag erhält. Hier könnte man aber auch konkrete Zahlen ein wenig Auflockern, indem man das kleine Wörtchen "bis zu" einbaut. Ebenfalls ist ein bewehrter Trick, auf andere Projekte hinzuweisen, bei denen Sie genau den entsprechenden Nutzen erzielt haben. Dies bedeutet dann folglich nicht, dass dies wieder so eintreten muss, aber das es durchaus im Bereich des Möglichen liegt.

Der Kunde kann sich dadurch genau Vorstellen was es bedeutet, wenn er konkrete Zahlen vor Augen hat, aber Sie haben sich nicht auf eine bestimmte Zahl festgelegt.

Jede Branche und jeder Kunde hat auch eine eigene Sprache oder aber es liegt an der Region, in der das Angebot verfasst wurde oder an dem Auftraggeber, der die Ausschreibung verfasst hat. Sie sollten jedoch die gleiche Sprache sprechen wie der Kunde. Dadurch versteht er Ihr Angebot besser und fühlt sich mehr mit Ihnen verbunden. Damit ist gemeint, dass Sie die gleichen Begrifflichkeiten verwenden. Versuchen Sie auch bestimmte Formulierungen wiederzuverwenden.

Das Angebot sollte kurzgehalten, aber dennoch vollständig und vor allem auch verständlich sein. Hier hilft es dem Leser auch, so wenige Fachbegriffe wie möglich zu verwenden und wenn welche verwendet werden, dann immer mit einer einfach zu verstehenden Erklärung. Denn in vielen

Fällen ist derjenige, der Ihr Angebot liest, kein Fachmann auf Ihrem Gebiet. Ebenfalls hilft dieses Vorgehen auch, um Missverständnisse vorzubeugen und Fehlinterpretationen auszuschließen.

Auch lange Sätze erschweren dem Leser das Durcharbeiten Ihres Angebotes. Gerade wenn es sich um sehr fachliche Angebote handelt helfen kurze Sätze, um den Inhalt besser verstehen zu können.

Ein einfacher Trick, der aber hilft, dass sich der Kunde in Ihrem Angebot wiederfindet und damit auch Ihr Name beim Kunden hängen bleibt, ist es, dass Sie sich und den Kunden beim Namen nennen sollten.

Es gibt noch weitere stilistische Mittel, die dabei helfen können, gute und schöne Texte zu verfassen. Man kann sich auch hierbei externe Unterstützung heranziehen und die Texte von Experten schreiben lassen. Hierbei ist es immer hilfreich, dass Sie die

Arbeit aber nicht komplett aus der Hand geben, sondern gemeinsam passende Texte entwickeln.

Gerade wenn mehrere Personen an einem Angebotstext schreiben, ist es wichtig, dass der Leser das nicht erkennt. Achten Sie auf eine gemeinsame Sprache und eine gemeinsame Bezeichnung. Klassische Fehler sind unterschiedliche Schreibweisen von Bezeichnungen.

Das wichtigste ist, dass Sie alle, und zwar ausnahmslos ALLE Vorgaben, die in der Ausschreibung genannt werden, berücksichtigen. Es gibt Ausschreibungen bei denen ist die Schriftgröße, die Zeilenabstände oder die Schriftart vorgegeben. Dann müssen Sie genau diese Vorgaben einhalten! Hierbei haben Sie dann keine Spielräume bei der Gestaltung.

3.3.2 Grafiken

Eines der oftmals unterschätzten, aber dennoch sehr wichtigen Mittel eines Angebotes sind Grafiken. Sie sind, gerade in etwas längeren Angeboten oder in sehr komplexen Angeboten Gold wert! Sie helfen dem Leser ihr Angebot direkt zu verstehen. Noch dazu bleiben gut gemachte Grafiken länger im Kopf als ein Text. Nutzen Sie dieses machtvolle Instrument, um noch einmal von Ihrem Angebot zu überzeugen.

Ihr Angebot gliedert sich optimalerweise in verschiedene Unterpunkte. Versuchen sie nun, einzelne Kernbotschaften Ihres Angebotes Visuell darzustellen oder aber Ihre Produkte in einem großartigen Licht zu präsentieren. Sie können auch den angesetzten Zeitplan für das anstehende Projekt wunderbar mit einem Zeitstrahl oder einer Timeline visualisieren. Den Grafiken sind hierbei keine Grenzen gesetzt.

Achten Sie bei den Grafiken aber auch auf die Bildunterschrift und natürlich auch die richtige Bezeichnung. Die Bezeichnung sollte in jedem Fall fortlaufend und schnell wieder zu finden sein. Hierfür bietet es sich auch an, zumindest bei mehr als drei Grafiken ein Abbildungsverzeichnis hinter der Inhaltsangabe einzufügen. Dies erleichtert gerade bei längeren Angeboten das Wiederfinden einer bestimmten Grafik.

Mit den Bildunterschriften können Sie dem Bild noch einmal „Leben einhauchen". Anstatt nichtssagende oder langweilige Untertitel zu verwenden, die zwar richtig, aber völlig emotionslos sind, können Sie dem Leser ein Gefühl vermitteln. Sie möchten Ihn mit einem Bild etwas verkaufen. Anstatt dem Auftraggeber also zum Beispiel nur Ihr neues Produkt mit der entsprechenden Produktbezeichnung aufzuzeigen, können Sie ihm auch hier noch einmal die Vorteile Ihres Produktes darlegen.

Beispiel:

Grafik 1: Reinigungsmittel XY

Abb. 1: Stark gegen Flecken, sanft zur Umwelt

Das umweltfreundliche und verpackungsarme Reinigungsmittel XY sorgt für kraftvolle und gleichzeitig umweltschonende Reinigung.

Ebenfalls sollten Sie auch die Grafiken immer mit in einen textlichen Zusammenhang darstellen. Sie können an der richtigen Stelle im Text den Text auflockern und helfen zu strukturieren. Gerade komplexe oder sehr technische Beschreibungen im Text können so leichter durch die Grafiken verstanden und erklärt werden.

Der richtige Einsatz von Farben, z.B. in ihren Unternehmensfarben hinterlässt ein stimmiges Gesamtbild und bleibt in Erinnerung. Wenn Sie mit Tabellen zum Beispiel bei Ihren Mitarbeiterprofilen oder bei den Referenzen gearbeitet haben, können Sie auch dort ihre Unternehmensfarben mit einbauen.

Eine einfache Umrandung von Bildern, oder die einheitliche Bildunterschrift in den Unternehmensfarben kann bereits helfen und für den gewissen Wiedererkennungswert sorgen, ohne den Leser mit Ihrem Logo zu erschlagen.

3.3.3 Die Gewichtung

In der Auftragsbekanntmachung haben Sie bereits etwas über die Zuschlagskriterien und deren Gewichtung gelesen. Dieses wichtige Instrument spielt auch bei der Erstellung Ihres Angebotes eine entscheidende Rolle. Nicht nur im Hinblick auf die Entscheidung, ob Sie an einer Ausschreibung teilnehmen möchten oder nicht, sondern eben auch, wie Sie Ihre Ausschreibungsunterlagen gestalten.

Hierfür möchte ich kurz auf die Begrifflichkeiten zu sprechen kommen und dann auf deren Auswirkungen auf Ihr Angebot.

Zuschlagskriterien müssen diskriminierungsfrei, willkürfrei, transparent und sachgemäß sein. Sie müssen sich konkret auf die Leistungsinhalte der jeweiligen Angebote beziehen. Unzulässig sind rein unternehmensbezogene Merkmale. Wie zum Beispiel eine bestimmte Marke, wenn es hierfür keinerlei Gründe gibt, warum andere Marken nicht ebenfalls die Leistungskriterien erfüllen würden.

Wenn die jeweiligen Zuschlagskriterien festgelegt wurden, muss die ausschreibende Stelle noch deren Gewichtung festlegen.

In manchen Branchen und in bestimmten Ausschreibungen findet man häufiger die 100% Preis gewichteten Ausschreibungen als in anderen Branchen oder Ausschreibungen.

In vielen Ausschreibungen allerdings nutzt der Auftraggeber die Möglichkeit, nicht nur den Preis als alleiniges Kriterium festzulegen. Inzwischen legen die Auftraggeber auch viel Wert auf die Qualität, die Nachhaltigkeit oder andere Zuschlagskriterien.

Schauen wir uns zur Verdeutlichung folgendes Beispiel an:

Zwei Unternehmen A und B möchten sich auf eine Ausschreibung bewerben mit den folgenden Kriterien und deren Gewichtung:

- Qualität der Leistung: 60%
- Preis: 40%

Das Unternehmen A bietet die Leistung mit einem Preis von 100.000 € an und das Unternehmen B mit einem Preis von 50.000 € an. Stellt man dieses mit der dazu gehörigen Punkteverteilung in einer Tabelle dar ergibt sich folgendes Bild:

Unternehmen	Preis absolut	Gewichtung in Punkten
A	100.000	0
B	50.000	100

Abbildung 21: Gewichtung des Preises in einem Beispiel

Folgende Tabelle ergibt sich bei Hinzufügen der Leistungspunkte. In diesem Beispiel hat das Unternehmen A ein Angebot abgegeben, das alle Leistungen zu 100% erfüllt. Das günstigere Angebot B hat leider nicht alle Leistungen erfüllt, so dass die Vergabestelle insgesamt 50 Punkte abgezogen hat.

Unternehmen	Preis absolut	Gewichtung in Punkten	Leistungspunkte
A	100.000	0	100
B	50.000	100	50

Abbildung 22: Gewichtung des Preises und der Leistung in einem Beispiel

Führt man nun beide Bewertungen unter der Berücksichtigung der Gewichtung, also das die erreichten Punkte des Preises zu 40% zählen und die erreichten Punkte der Leistung zu 60% zählen, so ergibt sich folgendes Ergebnis:

Unternehmen	Preis absolut	Gewichtung in Punkten	Leistungspunkte	Gewichtung Preis zu 40%	Gewichtung Leistung zu 60%	Insgesamt
A	100.000	0	100	0	60	60
B	50.000	100	50	40	30	70

Abbildung 23: Berechnung der Gewichtung insgesamt in einem Beispiel

In diesem Beispiel hätte das Unternehmen B den Zuschlag erhalten.

Doch was bedeutet dies für Sie als Unternehmen bei der Angebotserstellung?

Es ist hilfreich bei der Preiskalkulation. Wenn Sie ein Gefühl dafür haben, in welchem preislichen Rahmen sie sich innerhalb der Marktkonkurrenz bewegen und wissen, wie schwer der Preis gewichtet wird, so wissen Sie auch in welchem Rahmen sich Ihr preisliches Angebot bewegen sollte.

Wenn mehr als nur der Preis als Kriterium angegeben wurde, können Sie die Angabe nutzen, auf welchen Fokus sich Ihr Angebot ausrichten sollte.

Zum Beispiel könnte in einem Angebot die Leistung mit 50%, der Preis mit 30% und die Nachhaltigkeit mit weiteren 20% bemessen worden sein. Dann sollten Sie in Ihrem Angebot bei jeder Möglichkeit die Nachhaltigkeit in den Vordergrund stellen. Erleichtern Sie dem Auftraggeber, sich für Ihr Angebot zu entscheiden, indem Sie sich zum Beispiel bereits in der Unternehmenspräsentation als nachhaltiges Unternehmen vorstellen. Verwenden Sie nachhaltige Produkte oder Materialien? Setzt sich Ihr Unternehmen für andere soziale oder ökonomische Nachhaltigkeit ein? Der Auftraggeber kennt Sie (noch) nicht), oder kann Sie von einer anderen Seite kennenlernen. Daher sollten Sie alles für den Auftraggeber Interessante besonders hervorheben.

3.3.4 Der Feinschliff

Haben Sie die Ausschreibungsunterlagen nun beisammen und möchten die Ausschreibung abgeben, investieren Sie noch mindestens einen Tag in den Feinschliff. Das Angebot ist vermutlich das erste, was der Kunde von Ihnen wahrnimmt. Hinterlassen Sie einen positiven ersten Eindruck, indem Sie ihn nicht nur inhaltlich, sondern auch optisch von Ihrem Unternehmen überzeugen. Dazu gehört nicht nur ein fehlerfreies, sondern auch ein optisch ansprechendes Angebot. Erleichtern Sie mit Grafiken, ihr Konzept besser zu verstehen. Arbeiten Sie mit übersichtlichen Textbausteinen und Aufzählungszeichen, anstelle eines Fließtextes.

Es gibt unzählige Möglichkeiten, ihr Angebot optisch aufzubereiten und diese Arbeit lohnt sich. Stellen Sie sich das Ganze als eine Bewerbung auf dem Arbeitsmarkt vor. Sie würden Ihre Bewerbungsmappe an einen potenziellen

Arbeitgeber auch nicht unvollständig, unsauber oder gar unvorteilhaft präsentieren, denn Sie möchten zu einem Vorstellungsgespräch eingeladen werden.

Genauso verhält es sich auch mit einer Ausschreibung. Sie können beispielsweise auch die Referenzen ansprechender in einer einheitlichen Form präsentieren, zum Beispiel wie bereits erwähnt in einer tabellarischen Form.

Rechtschreibfehler können vorkommen, hinterlassen aber in der Häufigkeit einen schlechteren Eindruck und sollten daher ebenfalls vermieden werden.

Außerdem können Sie auch bei einem Feinschliff noch einmal einen letzten kritischen Blick auf Ihr Angebot werfen. Erfüllt es die Anforderungen des Kunden? Lösen Sie damit die Fragestellung oder das Problem des Kunden? Haben Sie sich so präsentiert, wie Sie es auch von einem potenziellen Kunden erwarten würden?

Zusammenfassung Kapitel 3

Nachdem Sie sich intensiver mit der Bearbeitung einer Ausschreibung in diesem Kapitel auseinandergesetzt haben, sollten Sie nun dazu in der Lage sein, die Ausschreibungsunterlagen strukturiert zu bearbeiten.

Um Ihre Gewinnchancen abschätzen zu können, werden zunächst die wichtigsten Informationen aus der Auftragsbekanntmachung gefiltert:

- Auftragsgegenstand
- Umfang des Auftrags
- die Zuschlagskriterien
- Eignungen
- Fristen

Sie wissen nun auch, dass Sie durch eigene Bieterfragen oder das Durcharbeiten von Bieterfragen, die von anderen Unternehmen gestellt wurden, ihr Angebot optimieren können.

Im Anschluss haben Sie einen Überblick über die weitere Strukturierung erhalten. Neben dem Erstellen eines Projektplans und der Priorisierung anfallender Aufgaben ist Ihnen vor Augen geführt worden, wie sie rechtzeitig das Erstellen von geforderten Dokumenten planen und immer wieder geforderte Dokumente herausarbeiten können.

Um Ihr letztendliches Angebot erfolgsversprechend zu formulieren, haben Sie abschließend Alleinstellungsmerkmale und Hilfsmittel kennengelernt, durch die sich Ihr Unternehmen im Angebot von anderen hervorheben kann und nach welchen Kriterien der Zuschlag vom Auftraggeber erteilt werden kann.

Im nachfolgenden Kapitel erfahren Sie, wie sich der typische Ausschreibungsprozess beschreiben und am Besten in Ihr Unternehmen eingliedern lässt.

Kapitel 4: Der Ausschreibungsprozess

Jeder Ausschreibungsprozess sieht in der Theorie ähnlich aus. Wie dieser nun aber in Ihrem Unternehmen umgesetzt wird, kommt auf Ihre Unternehmensstruktur an.

Es gibt große Unternehmen, die ganze Abteilungen mit Teams für die Beantwortung von Ausschreibungen haben. Es gibt aber auch Kleinstunternehmen, bei dem Geschäftsführer und seine Assistenz die Ausschreibung beantworten.

Egal wer in Ihrem Unternehmen die Ausschreibung beantwortet, so durchlaufen doch alle einen relativ ähnlichen Prozess.

Diesem Prozess und den einzelnen Prozessschritten möchten wir uns im nächsten Kapitel widmen.

Die Theorie

Der Ablauf einer Ausschreibung lässt sich am besten in einem fortlaufenden Prozess innerhalb ihres Unternehmens erklären. Er besteht aus fünf verschiedenen Prozessschritten.

Der erste Schritt in dem Prozess wäre, wie in diesem Buch zuerst erklärt, die Ausschreibungssuche. Darauf folgt, die Ausschreibungsvorbereitung. Dann die Ausschreibungsbearbeitung. Nach der Bearbeitung erfolgt die Fertigstellung und zuletzt die Nachbereitung.

Abbildung 24: Prozessschritte einer Ausschreibung

Wie in jedem Prozess, ist die Abfolge, Ausgestaltung oder Intensität der Bearbeitung in den Unternehmen nicht identisch. Manche der Prozessschritte gehen fließend in einander über, oder sie verlaufen parallel. Aber alle diese fünf Prozessschritte sollten mehr oder weniger in dem Ausschreibungsprozess Ihres Unternehmens zu finden sein. Die Prozessschritte wiederholen sich dann jedes Mal, bei jeder Ausschreibung. Somit lässt es sich einfach in einem Kreis darstellen, der Ausschreibungscoach bezeichnet diesen als den Bid Process Cycle.

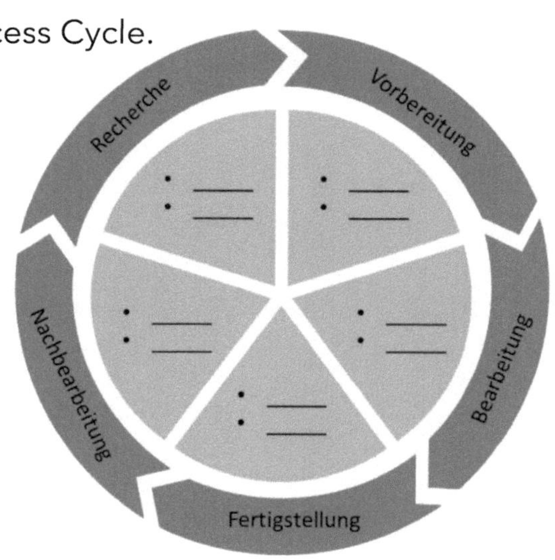

Abbildung 25: Der Bid Process Cycle

Der Bid Process Cycle ist wie jeder andere Prozess ein theoretisches Konstrukt. Es soll dabei helfen bestimmte Abläufe zu verstehen und zu vereinfachen.

Diese fünf Bereiche des Ausschreibungsprozesses wiederholen sich permanent und bei jeder Ausschreibung. Wie Sie jedoch diesen Prozess in Ihrem Unternehmen integrieren hängt von Ihrer Prozesslandschaft ab. Hierbei gibt es die unterschiedlichsten Möglichkeiten.

An welchem Prozessschritt, welche Aufgabe erfüllt wird, ist ebenfalls abhängig von Ihrem Unternehmen. Aber in der Regel sind die typischerweise anfallenden Aufgaben bereits aus den vorangegangenen Kapiteln ersichtlich.

Wenn Sie mit unterschiedlichen Teammitgliedern oder sogar unterschiedlichen Abteilungen arbeiten, sollten Sie dafür sorgen, dass es einen gemeinsamen Arbeitsbereich gibt.

Dieser kann virtuell in Form eines Sharepoints zur Verfügung gestellt werden oder aber auch einen tatsächlichen Raum, in dem sich die Ausschreibungsbearbeiter zusammensetzen und austauschen können.

Die Aufgaben sollten auch absolut klar verteilt sein. Egal aus wie vielen Mitarbeitern ihr Ausschreibungsteam besteht, sollten Sie verschiedene Aufgaben/ Rollen definiert haben.

Auch der Ablauf sollte jedem der an der Ausschreibung arbeitet verständlich und bekannt sein.

4.1 Prozessschritt Recherche

Es sollte eine Person in Ihrem Unternehmen geben, die sich ausschließlich mit der Suche von Ausschreibungen beschäftigt oder als Ansprechpartner für die ankommenden Ausschreibungen dient. Hier laufen alle Ausschreibungen zusammen. Das führt dazu, dass sobald zufällig ein Mitarbeiter Ihres Unternehmens von einer Ausschreibung hört, jeder weiß an wen er sich wenden kann. Es ist klar definiert, wer sich um die Ausschreibungen kümmert und diese einem möglichen Bearbeitungsteam zuweist.

Wie die Suche abzulaufen hat, haben wir bereits im ersten Kapitel ausführlich bearbeitet. Auch wenn Sie die Suche extern ausführen lassen, sollten Sie dennoch eine Kontaktperson haben, bei dem die externe Suche ankommt.

4.2 Die Vorbereitung

Es gibt einige Vorbereitungen, die Sie schon vor der eigentlichen Ausschreibung erledigen können, um bei der Angebotserstellung Zeit zu sparen.

Sobald Sie eine Ausschreibung erhalten, beginnt der Wettkampf mit der Zeit. Da wäre es doch schön, wenn man bereits im Vorfeld einige Aufgaben abarbeiten könnte, um sich ein wenig von dem Zeitdruck zu lösen. Je mehr im Vorfeld abgearbeitet werden kann, desto weniger Stress hat man während der eigentlichen Bearbeitung und schließlich zum Ende der Ausschreibung.

Viele der Ausschreibungen werden nach Ablauf einer gewissen Frist wieder erneut ausgeschrieben. So hat man, selbst wenn man bei einer Ausschreibung nicht den Zuschlag erhalten hat, durch eine nachhaltige Dokumentation den Vorteil, dass man bereits weiß, wann die nächste Ausschreibung kommen wird.

Informationen sind hier der Schlüssel zum Erfolg. Nutzen Sie die Zeit, bis die nächste Ausschreibung kommt, für Ihre Informationsrecherche. Zum Beispiel kann man Informationen über den potenziellen neuen Arbeitgeber in Erfahrung bringen und das Angebot optimal auf den Kunden zuschneiden. Vielleicht hat man auch ein Feedback der vergangenen Ausschreibung eingeholt und kann dieses für das neue Angebot verwenden und einarbeiten.

Recherchieren Sie auch über Ihre Konkurrenz. Wer hat zum Beispiel die letzten interessanten Ausschreibungen gewonnen?

Die Vorbereitung einer Ausschreibung sollte allerdings nicht dazu führen, dass Sie bereits das Angebot komplett fertig in die Schublade, als Standard- Angebot legen und dann kurz vor der Abgabe erst herausholen. Es können jederzeit Änderungen im Angebot erfolgen. Das Angebot sollte auch immer eine gewisse persönliche Note haben. Es sollte immer das Gefühl beim potenziellen Kunden entstehen, dass Sie seine Wünsche und Vorstellungen verstanden haben und genau die passende Lösung anbieten, anstatt einem Standard- Angebot.

Die folgenden Tipps zur Angebotsvorbereitung können um beliebig viele Punkte erweitert werden, je nach dem wie Ihre Prozesslandschaft innerhalb des Unternehmens aufgebaut ist.

5 Tipps zur Angebotsvorbereitung:

1. Setzen Sie sich einen Termin für alle wiederholenden Ausschreibungen vorzeitig.
2. Prüfen Sie bereits im Vorfeld, wer für die Bearbeitung in dieser Zeit verfügbar ist und planen Sie Ihre Mitarbeiter für diese Zeit mit ein.
3. Sammeln Sie Informationen. Über den potenziellen Arbeitgeber aber auch über die Anforderungen. Gegen welche Konkurrenten müssen Sie sich beweisen?
4. Arbeiten Sie erhaltenes Feedback, egal ob internes oder externes, mit ein und optimieren Sie Ihre vergangene Ausschreibung.
5. Erarbeiten Sie Textbausteine oder Grafiken, die zu den Leistungen passen, die Sie anbieten möchten. Auch wenn diese gegebenenfalls noch einmal angepasst werden müssen.

4.3 Die Bearbeitung

Hierzu haben wir bereits ein gesamtes Kapitel gewidmet. Sie sollten hierbei aber im Hinterkopf behalten, dass die Ausschreibung mit einem Projektplan strukturierter abläuft. Wie umfangreich Sie diesen Projektplan umsetzen, hängt von verschiedenen Faktoren ab und sollte ausprobiert werden.

Allerdings hilft er nicht nur bei einem strukturierten Ablauf, sondern Sie haben jederzeit einen Überblick über die Ausschreibung, deren Fortschritt und die Sicherheit der Vollständigkeit.

4.4 Die Fertigstellung

Wenn Sie nun die Ausschreibung bearbeitet haben, werden Sie, je näher der Abgabetermin rückt, das Angebot fertig stellen wollen.

Aber wann ist das Dokument wirklich fertig?

Das Angebot sollte in jedem Fall Vollständig sein. Das bedeutet, alle geforderten Unterlagen müssen in geordneter Reihenfolge vorliegen. Checken Sie die Vollständigkeit gerne noch ein zweites oder drittes Mal. Nichts wäre ärgerlicher als ein Ausschluss von der Ausschreibung aufgrund von Unvollständigkeit.

Schön wäre es, wenn noch genügend Zeit vorhanden ist, um einen Gesamteindruck des Dokumentes zu erhalten. Lesen Sie die Ausschreibung noch einmal als würden Sie es nun zum ersten Mal tun. Versetzen Sie sich in die Lage des Einkäufers. Wie wirkt die Ausschreibung auf Sie? Bekommen Sie den Eindruck, dass der

Ersteller das Problem erkannt hat? Können Sie einen Eindruck von der Lösung bekommen? Ist ein „roter Faden" erkennbar? Haben Sie einen positiven Eindruck von dem Unternehmen erhalten?

Wenn Sie diese Fragen positiv beantworten können und das Dokument vollständig ist, geht es darum, dass es innerhalb der Frist bei der ausschreibenden Stelle ankommt. Ob auf postalischem Weg oder via Internet, planen Sie auch hier noch einen Puffer ein.

Die Website könnte möglicherweise nicht funktionieren, Ihr Internet ausfallen, der Kurier könnte sich verspäten, im Stau feststecken….

Sie können zwar nicht auf alle Eventualitäten vorbereitet sein, Sie sollten allerdings versuchen so viele potentielle Störfaktoren zu berücksichtigen oder zu vermeiden.

Wenn die Ausschreibung abgegeben ist können Sie erst einmal durchatmen.

4.5 Die Nachbereitung

Wenn die Ausschreibung abgegeben wurde, ist die Arbeit allerdings noch nicht fertig.

Von vielen Unternehmen völlig zu Unrecht als unnötig abgetan ist die Nachbereitung. Dieser Prozessschritt ist genauso wichtig und entscheidend wie die anderen Schritte. Vielleicht nicht um die abgegebene Ausschreibung zu gewinnen, aber definitiv, um weitere Ausschreibungen gewinnen zu können und den fortlaufenden Prozess der Ausschreibungen in Ihrem Unternehmen zu verbessern. Sie können hierfür die während der Ausschreibung erstellten Dokumente und Notizen verwenden, um über Verbesserungspotentiale nachzudenken. Was hat bei der Ausschreibung nicht so gut, aber auch besonders gut funktioniert?

Sprechen Sie mit Ihrem Team über die letzte Ausschreibung.

Signalisieren Sie, dass das Feedback erwünscht und benötigt wird, um für die nächsten Ausschreibungen besser vorbereitet zu sein.

Bauen Sie auch das gemeinsam erarbeitete Feedback in Ihren Prozess mit ein.

Versuchen Sie auch bei dem Kunden ein Feedback zu erhalten. In manchen Fällen sind die ausschreibenden Stellen sehr freundlich und geben gerne Auskünfte darüber, was genau zu einer Ablehnung geführt hat.

Sie sollten sich auch eine Erinnerung setzen, ab wann sie eine Benachrichtigung über den Ausgang der Ausschreibung erhalten haben sollten.

Zusammenfassung Kapitel 4

In Kapitel 4 haben Sie einen abschließenden Überblick über den gesamten Ausschreibungsprozess erhalten. Es lassen sich immer wiederkehrende Prozessschritte erkennen, die im Bid Process Cycle dargestellt wurden:

- Recherche
- Vorbereitung
- Bearbeitung
- Fertigstellung
- Nachbearbeitung

Die konkrete Umsetzung der einzelnen Prozessschritte hängt von den individuellen Gegebenheiten in Ihrem Unternehmen ab, Indem Sie die Ausschreibungen jedoch strukturiert aufgliedern und nachbearbeiten, kann sich der Ausschreibungs-Zyklus in Ihrem Unternehmen festigen und Sie gewinnen eine Routine in der Bearbeitung.

Fazit

Nachdem Sie dieses Buch nun gelesen haben und einige Tipps erhalten haben, wie Sie eine Ausschreibung bearbeiten können, sollten Sie sich an die Praxis wagen und Erfahrungen sammeln.

Sie werden vielleicht am Anfang noch einige Unsicherheiten haben, aber in der Regel sollte sich das nach einigen Ausschreibungen gelegt haben und Sie können hoffentlich erkennen wie aufregend die Welt der Ausschreibungen sein kann.

Ich wünsche Ihnen viel Spaß und vor allem viel Erfolg!

Der Ausschreibungscoach kann Sie auch im weiteren Prozess gerne unterstützen und Ihnen bei allen Fragen zum Thema Ausschreibungen zur Seite stehen.

www.ausschreibungscoach.de

Abbildungsverzeichnis:

Literaturverzeichnis:

Das große Bid-Management-Kompendium	Cristopher S. Kälin	2015
Sichere Vergabe unterhalb der Schwellenwerte	Prof. Dr. Christopher Zeiss	2016
Writing Business Bids & Proposals	Neil Cobb, Charlie Divine	2016
Bieterstrategien im Vergaberecht	Thomas Ferber	2015
Vergaberecht 2019	Bundesanzeiger Verlag	2019
E-Vergabe Praxishinweise und Marktüberblick	Felix Zimmermann	2016
Bids, Tenders & Proposals	Harold Lewis	2015
The winning bid	Emma Jaques	2013

Schnelleinstieg in das neue Vergaberecht	Rosenkötter/ Fritz/ Seidler	2016
Vergaberecht	Martin Burgi	2018
eVergabe	Beust/ Stoye/ Thomas/ Zielke	2018
Vergaberecht - Kompaktkommentar	Willenbruch/ Wieddekind	2017

Printed by Books on Demand GmbH, Norderstedt / Germany